창업전문 세무사가 전하는

사업세금 절세전략

이은미 · 유혜선 지음

도서출판 청람

머리말

소득을 위한 경제활동인 사업은 끊임없이 이루어지고 그에 따른 세금도 영속하여 존재할 것은 분명하다. 국내 사업자 수는 매해 증가하고 있어 저자는 앞으로도 지속적으로 사업자 등 필요한 이들에게 세무서비스를 계속 제공할 수 있을 것에 대한 기대감이 크다.

우리나라는 아래 지표에서 보는 바와 같이 적지 않은 수로 사업자가 증가해 왔다. 세계경기의 불황, 인구변동 등 여러 경제적, 비경제적 요인으로 인해 향후 앞날을 전망하기는 힘들지만 여전히 끊임없이 생산과 소비는 이루어지고 인구가 존재하는 이상 사업을 하는 이는 계속 있을 것으로 예상된다.

〈연도별 사업자 현황〉

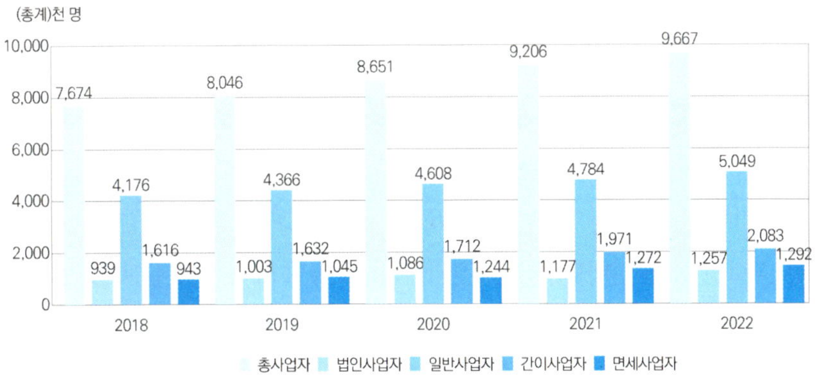

출처: 국세청(내부자료)
https://www.index.go.kr/unity/potal/main/EachDtlPageDetail.do?idx_cd=2825

〈연도별 사업자 현황〉

(단위: 천 명)

연도	총사업자			법인사업자			일반사업자			간이사업자			면세사업자		
	총계	신규	폐업	총계	신규	폐업	총계	신규	폐업	총계	신규	폐업	총계	신규	폐업
2017	7,226	1,285	908	884	125	70	3,945	691	501	1,610	316	254	787	152	82
2018	7,674	1,373	901	939	130	70	4,176	683	507	1,616	314	237	943	246	87
2019	8,046	1,316	922	1,003	138	70	4,366	661	526	1,632	329	242	1,045	189	84
2020	8,651	1,519	895	1,086	153	67	4,608	687	490	1,712	369	232	1,244	309	105
2021	9,206	1,457	885	1,177	159	65	4,784	779	456	1,971	383	258	1,272	135	104
2022	9,667	1,351	867	1,252	144	67	5,049	698	438	2,083	392	267	1,292	117	93

출처: e-나라지표

꼭 대단한 사업을 하지 않아도 사업자등록을 해야 하고 수많은 결정을 해야 한다. 누군가의 가족, 누군가의 지인이 사업을 하는 데 혹자는 이렇게 해라, 혹자는 저렇게 해라는 말로 잘못된 세무지식을 전달하는 경우가 많고, 아예 문외한들이 인터넷으로 알음알음 찾아보다 전체를 보지 못하고 잘못된 선택을 하게 되는 경우도 많다. 저자는 어떻게 하면 우리 주위에 이런 평범한 사업자들에게 필요한 올바른 지식을 쉽게 전달할 수 있을까 고민하였다. 사업에는 생애주기가 있다. 숱하게 많은 사업자들을 만나면서 사업자등록－사업운영－폐업, 법인전환과 같은 사업의 생애주기 과정에서 많은 사업자들이 스스로 선택을 할 때 인터넷이나 국세청의 정보를 찾으며 고군분투하는 모습을 자주 보았다.

우리는 운전을 할 때 보통 내비게이션을 보고 목적지로 향한다. 어떠한 경로를 통해 얼마만큼의 시간과 비용이 들지 예측하여 갈 때에는 가는 길이 막히거나 험난하여도 심리적으로 덜 불안하다. 하지만 무작정 길을 찾아갈 때는 이 길이 맞을까 얼마나 걸릴까 알 수 없어 똑같은 길을 간다고 해도 더 힘들게 느껴질 것이다.

개인사업자가 적합한 경우가 있고 법인 형태가 더 나은 경우도 있다. 고민 끝에 법인을 운영해 보니 생각보다 어렵지 않다는 이야기들도 많이 듣는다. 또한 개인사업자들이 사업을 시작한 지 얼마 되지 않아 많은 세금을 내기도 하고 처음부터 막연하게 운영이 어려울 것 같아 법인을 선택하지 않은 것을 후회하기도 하면서 법인전환을 고민한다. 이 책은 사업을 처음 시작한 사업자뿐 아니라 이미 사업을 하고 있는 사업자들이 직면하는 문제들을 해결할 수 있는 기본 역량을 키우는 데 초점이 있다. 알기 쉽게 꼭 필요한 부분만 담고자 사업의 시작이 되는 사업자등록부터 독자인 사업자가 진행하는 사업에서 일어날 기본적인 내용들을 실제 자주 발생하고 문의하는 내용 위주로 구성하였다.

사업과 절세는 어려운 것이 아니며 아는 만큼 준비하고 혜택을 받을 수 있다. 우리 주위에서 흔하게 볼 수 있는 인터넷을 통해 물건을 파는 통신판매업, 치킨집과 같은 프랜차이즈 음식점업, 인테리어 사업 등도 창업감면 업종으로 사업자등록 시 요건을 갖추면 창업감면이 가능하다. 사업을 운영하다 직원을 고용하면 증가하는 인원수에 따라 세액공제를 받을 수 있다.

시중에 세금관련 서적이 많이 있지만 사업의 시작부터 끝까지, 개인과 법인 세금 전체를 아우르는 서적은 찾아보기가 힘들었다. 이 책은 저자가 10여 년 넘게 매일 사업자들의 시행착오를 마주하며 이것만은 꼭 알려주고 싶은 내용을 내 가족과 지인에게 전달한다는 생각으로 담았다. 가능한 모든 사업주가 조금 더 관심을 갖고 세금문제를 관리하여 많은 유익한 효과가 있기를 기대한다. 본인의 건강관리를 본인이 챙겨야 건강한 삶을 살 수 있듯이 사업주가 매년 신고하는 세금과 관련해서 어떻게 해야 건강한 세금과 사업을 할 수 있을지 공부하고 능동적으로 챙겨본다면 세무조사 등에 대한 문제도 한시름 놓고 좀 더 올바른 방향으로 가길 바라는 마음으로 이 책을 선사하고 싶다.

끝으로 이 책을 출간하기까지 물심양면 격려해 주신 지인들과 가족들에게 감사하다는 말을 전하고 싶다. 요즘 같은 불황과 격동의 시기에 사업하기 정말 쉽지 않음을 알기에 저자의 거래처 사업자들뿐만 아니라 오늘 하루도 고군분투하는 대한민국 사업자들 모두 '그럼에도 불구하고 파이팅'이라는 말을 전하고 싶다.

2023년 8월

한여름의 사무실에서

차례

1장 사업의 시작

2장 절세

3장 법인전환

4장 업종별 세무관리 포인트

1장

사업의 시작

사업을 시작해 보기로 마음을 먹고 막상 사업을 시작하려고 하니 막막하다. "만들기 쉬운 개인사업자로 시작해 볼까? 법인으로 하는 게 세금이 적다고 하던데 간이사업자는 세금을 거의 안 낸다고?" 인터넷에 사업자등록을 검색하니 창업감면부터 법인까지 여러 가지 정보가 많은데 무엇부터 어떻게 해야 할지, 무엇을 따져야 할지, 선택의 연속이다.

정보는 많지만 자신에게 해당되고 가능한 것은 어떤 것인지, 어떻게 하는 게 유리할지 헷갈린다. 중요한 사업준비 과정에서 자신에게 맞는 방법을 찾는 것은 지금 사업을 시작할 때가 아니면 되돌릴 수 없을지도 모른다. 첫 단추를 잘 꿰어보자.

I 사업과 세금: '어떤' 세금을 '언제' 내야 할까

'어떤' 세금이 있고 '언제, 얼마나' 신고 · 납부를 하는지 그 흐름을 아는 것은 앞으로의 일정과 자금운용을 위해서 매우 중요하다. 사업을 하며 스스로 모든 세금과 일정을 챙기는 것은 막연히 복잡하고 어려워 세무대리인에게 무작정 맡기는 경우가 많다. 처음 가보는 길은 어렵고 험난하지만 세금을 이해하는 것도 앞으로의 길을 알려주는 내비게이션을 켜고 가면 마음이 좀 편하지 않을까? 내가 앞으로 사업을 하면서 내야 할 세금을 간단명료하게 알아보도록 하자.

1. 연간 세무신고 일정: 일년 동안 신고하고 제출할 것들

▶ **주요 세금신고 일정 요약**

종합소득세	매년 5월 31일까지 전년도 소득 신고 · 납부(성실신고대상자 6월 30일까지)
법인세	매년 3월 31일까지 전년도 소득 신고 · 납부(성실법인 4월 30일까지)
부가가치세	• 개인사업자는 반기마다 1/25, 7/25일까지 신고 · 납부 • 법인사업자는 분기별 1/25, 4/25, 7/25, 10/25일까지 신고 · 납부 (소규모 법인은 반기별 신고 · 납부 가능)
면세사업자 현황신고	매년 2월 10일까지 전년도 수입금액과 비용신고
원천세 신고	매월 10일까지(소규모 사업장 반기 가능)
지급명세서 제출	• 일용직 지급명세서: 월별 • 간이지급명세서: 월별, 반기별 • 그 외 소득 지급명세서: 1년에 한 번(2/28, 3/10)

▶ 연간 세무일정

월	일	내용
1월	10일	• 원천징수분 법인세 · 소득세 · 지방소득세(소득분) 신고 · 납부 • 소규모 사업자 등 원천세 반기별 신고 · 납부 • 국민연금 · 건강 · 고용 · 산재보험료 납부
	15일	• 고용 · 산재보험 근로내용 확인신고
	25일	• 부가가치세 확정 신고 · 납부
	31일	• 동록면허세면허분 납부 • 9월말 결산법인 법인세분 지방소득세 신고 · 납부 • 종합소득세중간예납분 분납 • 일용근로소득 지급명세서, 간이지급명세서 제출
2월	10일	• 면세사업자 사업장현황신고 • 원천징수분 법인세 · 소득세 · 지방소득세(소득분) 신고 · 납부 • 국민연금 · 건강 · 고용 · 산재보험료 납부
	15일	• 고용 · 산재보험 근로내용 확인신고
	28일 (29일)	• 6월말 결산법인 법인세 중간예납 • 12월말 결산법인 성실신고확인자 선임신고 • 양도소득세 예정신고 납부(주식 등) • 지급명세서(원천징수대상사업 · 근로 · 퇴직소득 · 기타소득 중 종교인소득 · 봉사료 제외) 제출 • 일용근로소득 지급명세서, 간이지급명세서 제출
3월	10일	• 지급명세서(사업 · 근로 · 퇴직소득 · 기타소득 중 종교인소득 · 봉사료) 제출(일용근로자 제외) • 원천징수분 법인세 · 소득세 · 지방소득세(소득분) 신고 · 납부 • 국민연금 · 건강 · 고용 · 산재보험료 납부
	15일	• 고용 · 산재보험 근로내용 확인신고
	31일	• 12월말 결산법인 법인세 신고 · 납부(성실신고확인서 제출법인 제외) • 공익법인 등의 세무확인서 · 출연재산 등에 대한 보고서 제출 • 일용근로소득 지급명세서, 간이지급명세서 제출
4월	10일	• 원천징수분 법인세 · 소득세 · 지방소득세(소득분) 신고 · 납부 • 국민연금 · 건강 · 고용 · 산재보험료 납부

4월	15일	• 고용 · 산재보험 근로내용 확인신고
	25일	• 법인 부가가치세 예정 신고 · 납부/개인 부가가치세 예정 고지 · 납부
	30일	• 12월말 결산법인 법인세 신고 · 납부(성실신고확인서 제출법인) • 12월말 결산법인(중소외) 법인세 분납(성실신고확인서 제출법인 제외) • 12월말 결산법인 법인세분 지방소득세 신고 · 납부 • 공익법인의 결산서류 등 공시 • 일용근로소득 지급명세서, 간이지급명세서 제출
5월	10일	• 원천징수분법인세 · 소득세 · 지방소득세(소득분) 신고 · 납부 • 국민연금 · 건강 · 고용 · 산재보험료 납부
	15일	• 고용 · 산재보험 근로내용 확인신고
	31일	• 12월말 결산법인(중소) 법인세분납(성실신고확인서 제출법인 제외) • 9월말 결산법인 법인세 중간예납 신고 · 납부 • 종합소득세(양도소득세포함) 확정 신고 · 납부 • 소득세분 지방소득세 신고 · 납부 • 근로 · 자녀장려금 신청 • 사업용계좌 변경 · 추가신고(성실신고확인서 제출사업자 제외) • 일용근로소득 지급명세서, 간이지급명세서 제출
6월	10일	• 원천징수분 법인세 · 소득세 · 지방소득세(소득분) 신고 · 납부 • 부가가치세 주사업장 총괄납부 신청 및 포기신고 • 사업자단위 과세사업자등록 • 국민연금 · 건강 · 고용 · 산재보험료 납부
	15일	• 고용 · 산재보험 근로내용 확인신고 • 종합부동산세 분납
	30일	• 3월말 결산법인 법인세 신고 · 납부(성실신고확인서 제출법인 제외) • 종합소득세 확정 신고 · 납부(성실신고확인서 제출사업자) • 소득세분 지방소득세 신고 · 납부(성실신고확인서 제출사업자) • 사업용계좌 신고 • 해외금융계좌 신고 • 소규모 사업자 등 원천세 반기별 납부 승인신청 • 자동차(지방교육세 포함) 납부 • 일감몰아(떼어)주기 증여세 신고 · 납부 • 외국사업자 부가가치세 환급신청 • 일용근로소득 지급명세서, 간이지급명세서 제출

월	일	내용
7월	10일	• 원천징수분 법인세 · 소득세 · 지방소득세(소득분) 신고 · 납부 • 소규모 사업자 등 원천세 반기별 신고 · 납부 • 국민연금 · 건강 · 고용 · 산재보험료 납부
	15일	• 고용 · 산재보험 근로내용 확인신고
	25일	• 부가가치세 확정 신고 · 납부
	31일	• 3월말 결산법인 법인세분 지방소득세 신고 · 납부 • 재산세(지역자원시설세 · 지방교육세 포함) 납부 • 주민세(재산분) 신고 · 납부 • 종합소득세 분납 • 일용근로소득 지급명세서, 간이지급명세서 제출
8월	10일	• 원천징수분 법인세 · 소득세 · 지방소득세(소득분) 신고 · 납부 • 국민연금 · 건강 · 고용 · 산재보험료 납부
	15일	• 고용 · 산재보험 근로내용 확인신고
	31일	• 12월말 결산법인 법인세 중간예납 • 종합소득세 분납(성실신고확인서 제출사업자) • 양도소득세 예정신고 · 납부(주식 등) • 주민세(균등분) 납부 • 일용근로소득 지급명세서, 간이지급명세서 제출
9월	10일	• 원천징수분 법인세 · 소득세 · 지방소득세(소득분) 신고 · 납부 • 국민연금 · 건강 · 고용 · 산재보험료 납부
	15일	• 고용 · 산재보험 근로내용 확인신고
	30일	• 6월말 결산법인 법인세 신고 · 납부(성실신고확인서 제출법인 제외) • 종합부동산세 과세특례신고 • 임대(기타)주택 합산배제신고 • 재산세(지역자원시설세 · 지방교육세포함) 납부 • 일용근로소득 지급명세서, 간이지급명세서 제출
10월	10일	• 원천징수분 법인세 · 소득세 · 지방소득세(소득분) 신고 · 납부 • 국민연금 · 건강 · 고용 · 산재보험료 납부
	15일	• 고용 · 산재보험 근로내용 확인신고
	25일	• 법인 부가가치세 예정 신고 · 납부/ 개인 부가가치세 예정 고지 · 납부

월	일	내용
10월	31일	• 일용근로자의 근로소득지급명세서 제출 • 6월말 결산법인 법인세분 지방소득세 신고 · 납부 • 일용근로소득 지급명세서, 간이지급명세서 제출
11월	10일	• 원천징수분 법인세 · 소득세 · 지방소득세(소득분) 신고 · 납부 • 국민연금 · 건강 · 고용 · 산재보험료 납부
	15일	• 고용 · 산재보험 근로내용 확인신고
	30일	• 3월말 결산법인 법인세 중간예납 • 종합소득세 중간예납세액 납부 및 중간예납 추계액 신고 · 납부 • 일용근로소득 지급명세서, 간이지급명세서 제출
12월	10일	• 원천징수분 법인세 · 소득세 · 지방소득세(소득분) 신고 · 납부 • 국민연금 · 건강 · 고용 · 산재보험료 납부
	11일	• 부가가치세 주사업장 총괄납부 신청 및 포기신고 • 사업자단위 과세사업자등록
	15일	• 종합부동산세 납부 또는 신고 · 납부 • 고용 · 산재보험 근로내용 확인신고
	31일	• 9월말 결산법인 법인세 신고 · 납부(성실신고확인서 제출법인 제외) • 소규모 사업자 등 원천세 반기별 납부 승인신청 • 자동차세(지방교육세포함) 납부 • 일용근로소득 지급명세서, 간이지급명세서 제출

2. 주요 세금

(1) 부가가치세

1) 부가가치세란?

과자 한 개를 사는 것에도 부가가치세라는 세금이 포함되어 있다. 예를 들어, 편의점에서 500원짜리 과자를 사면 영수증에 공급가액 455원과 부가세 45원이라고 표시된다. 우리가 500원을 지불하면 실제 물건의 가격은 455원이고, 45원은 편의점 주인이 국세청에 부가가치세로 납부하는 돈이다.

상호: 창업상사
대표자: 김창업
사업자등록번호: 123-45-67890
주소: 서울특별시 절세하구 탄탄대로 123 1층

상품명	수량	금액
딸기과자	2	500원

총 결제금액	500원
금액	455원
부가가치세	45원

*** 신용카드 승인정보 (고객용) ***

00카드	1234-5678-9101-1121
유효기간	12/27
승인번호	78495612334121
거래일시	2023.12.31. 17:30

구매하는 과세대상 상품이나 서비스 등의 제공과정에서 얻어지는 이윤을 부가가치라고 하며, 그 이윤에 대하여 과세하는 세금을 부가가치세라고 정의할 수 있다.

부가가치세는 이처럼 물건값에 포함되어 있기 때문에 최종소비자가 구매 시 부담하게 되고, 물건값과 함께 받은 부가가치세는 사업자의 매출이 아니라 '최종소비자에서 국가로 이전해 주는 세금'으로 국가(세무서)에 납부하는 것이다. 세금계산서를 발행하는 경우에는 쉽게 구분이 가능하지만 일반소비자와 거래하는 경우에는 구분이 쉽지 않아 사업자가 부담하는 것으로 느낄 수 있다.

2) 부가가치세신고

구분	내용
개인(간이사업자)	1월 25일 신고 · 납부, 7월 25일 예정고지 납부
개인(일반사업자)	1월 25일, 7월 25일 신고 · 납부
	4월 25일, 10월 25일 예정고지 납부
소규모 법인	1월 25일, 7월 25일 신고 · 납부
	4월 25일, 10월 25일 예정고지 납부
법인	1월 25일, 4월 25일, 7월 25일, 10월 25일 신고 · 납부

개인의 경우 일년에 두 번만 신고하되 4월, 10월에는 전기의 세액을 기준으로 1/2 금액을 예정고지 납부한다. 이메일, 휴대폰 메시지, 우편으로 고지내역을 알 수 있으며 납부한 세금은 확정신고 시 기납부세액으로 공제받는다. 법인은 분기마다 신고 · 납부를 하고 부가가치세 신고기한을 넘긴다면 가산세의 대상이 되며, 신고불성실 및 납부불성실가산세가 발생된다.

부가가치세신고를 기한 내에 하지 못하면 신고불성실가산세는 납부할 세액의 20%(부정무신고 40%), 부가가치세 납부를 기한 내에 납부하지 못하면 납부불성실가산세는 납부할 세액에 납부기한일 다음날부터 자진납부일까지의 일수를 곱하고 2.2/10,000을 곱하여 계산한다.

(2) 종합소득세

1) 종합소득세란?

종합소득은 납세자별로 이자소득금액, 배당소득금액, 사업소득금액, 근로소득금액, 연금소득금액 및 기타소득금액의 각 소득에 대한 합계액이다. 소득의 성격과 그 발생형태 등에 따라 소득의 종류를 구분하며 세금을 신고·납부하는 방법도 다르다. 양도소득, 퇴직소득은 따로 분류되는 소득으로 종합소득신고 시 합산하여 계산하지 않는다. 사업세금과 관련해 종합소득되는 사업소득은 영리를 목적으로 독립된 지위에서 계속적·반복적 속성으로 영위하는 사업에서 발생하는 소득을 말한다. 종합소득세 신고의무가 있는 경우 5월 초 국세청으로부터 문자메시지, 우편 등으로 신고안내를 받으므로 나의 소득이 무엇이 있었는지 우편물이나 문자 등을 유의 깊게 살펴봐야 한다.

개인의 종합소득 세액계산 흐름을 표로 정리하면 다음과 같다.

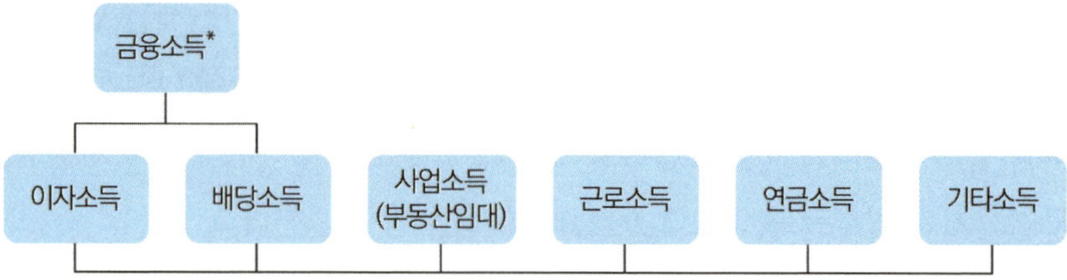

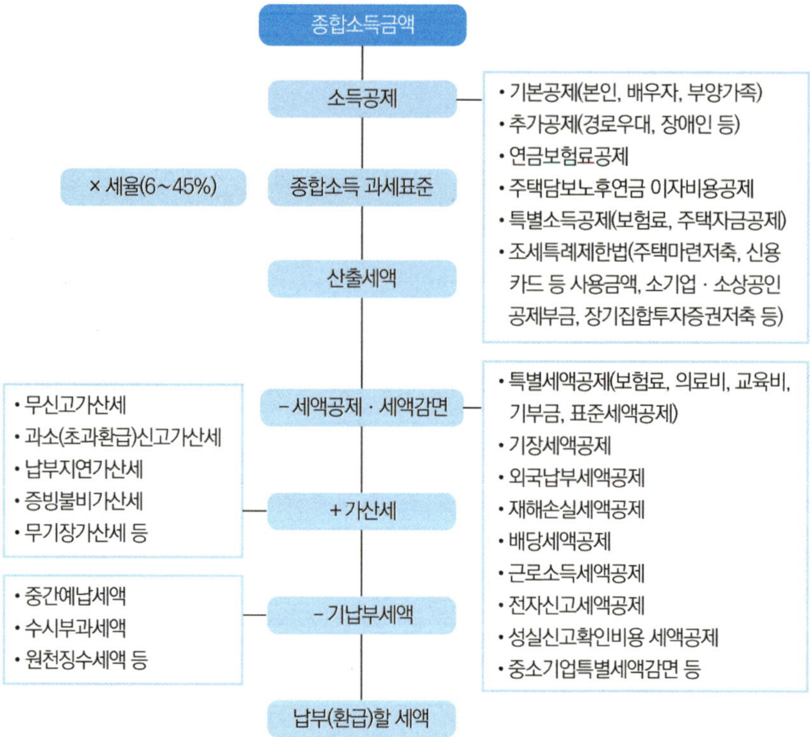

* 금융소득: 2천만원 이하의 원천징수된 이자 · 배당소득은 분리과세되어 신고의무가 없지만 2천만원 초과하는 경우 등에 대해 종합소득 합산신고를 해야 한다.

2) 신고방법

종합소득세의 신고방법은 같은 종류의 소득, 금액의 경우에도 개인에 따라 전년도, 당해 수입금액(매출)의 기준에 따라 신고의무와 유형이 다르다. 공동사업자의 경우 소득금액을 계산하는 방법은 사업장의 결산을 한 뒤 계산된 소득금액을 분배비율에 따라 나누어 각자 세금을 계산한다.

개인의 경우 추계신고 또는 장부신고를 선택할 수 있으며 상황에 따라 추계신고하는 경우 무기장가산세 또는 무신고가산세를 납부하여야 한다.

아래 표를 참고하여 추계신고, 기장의무에 대한 유형을 살펴보고 올바른 신고방법을 알아보자.

<table>
<tr><th rowspan="3">업종별</th><th colspan="3">기장의무의 판정
(전기 수입금액기준)</th><th colspan="4">추계신고 유형
(전기 및 당기 수입금액기준)</th><th rowspan="3">성실신고 확인서 첨부대상 (당기 수입금액)</th></tr>
<tr><th rowspan="2">간편 장부</th><th colspan="2">복식부기</th><th colspan="2">계속사업자
(전기 수입금액기준)</th><th colspan="2">신규사업자
(당기 수입금액기준)</th></tr>
<tr><th>내부 조정</th><th>외부 조정</th><th>기준 경비율</th><th>단순 경비율</th><th>기준 경비율</th><th>단순 경비율</th></tr>
<tr><td>업종 1</td><td>3억원 미만</td><td>3억원~ 6억원 미만</td><td>6억원 이상</td><td>6천만원 이상</td><td>6천만원 미만</td><td>3억원 이상</td><td>3억원 미만</td><td>15억원 이상</td></tr>
<tr><td>업종 2</td><td>1.5억원 미만</td><td>1.5억원 ~3억원 미만</td><td>3억원 이상</td><td>3.6천만 원 이상</td><td>3.6천만 원 미만</td><td>1.5억원 이상</td><td>1.5억원 미만</td><td>7.5억원 이상</td></tr>
<tr><td>업종 3</td><td>7.5천만 원 미만</td><td>7.5천만 원~1.5억 원 미만</td><td>1.5억원 이상</td><td>2.4천만 원 이상</td><td>2.4천만 원 미만</td><td>7.5천만 원 이상</td><td>7.5천만 원 이상</td><td>5억원 이상</td></tr>
</table>

업종 구분	
업종 1	① 농업 · 임업 및 어업, 광업, 도매 및 소매업(상품중개업 제외), 부동산매매업 그 밖에 ② 및 ③에 해당하지 아니하는 사업
업종 2	② 제조업, 숙박 및 음식점업, 전기 · 가스 · 증기 및 공기조절공급업, 수도 · 하수 · 폐기물처리 · 원료재생업, 건설업(비주거용 건물건설업은 제외), 부동산개발 및 공급업(주거용 건물개발 및 공급업에 한함), 운수업 및 창고업, 정보통신업, 금융및보험업, 상품중개업
업종 3	③ 부동산임대업, 부동산업(부동산매매업 제외), 전문 · 과학 및 기술서비스업, 사업시설관리 · 사업지원 및 임대서비스업, 교육서비스업, 보건업 및 사회복지서비스업, 예술 · 스포츠 및 여가관련 서비스업, 협회 및 단체, 수리 및 기타 개인서비스업, 가구 내 고용활동

① 추계신고

추계신고를 선택하는 경우 업종에 따라 전기 및 당기 수입금액기준으로 단순경비율 대상자와 기준경비율 대상자로 나뉜다.

단순경비율에 따른 추계신고는 기준금액 이하 소규모 사업자에게 적용되며 수입금액에 단순경비율을 곱한 금액을 비용으로 공제하여 신고하므로, 신고방법이 비교적 단순하고 세부담도 적은 편이다.

기준경비율의 경우 주요 경비(매입비용, 인건비, 임차료)와 단순경비율보다는 적은 기준율에 따른 비율을 비용으로 공제하며 단순경비율의 일정배수(간편장부대상자 2.8배, 복식부기의무자 3.4배)를 한도로 소득금액을 계산한다. 해당 방식으로 계산된 세부담이 과다한 경우 장부를 기장하여 기장세액공제 등을 받는 것이 더 유리한 경우도 있다.

간편장부대상자일지라도 직전연도 수입금액이 소규모 사업자(직전연도 4,800만원 미만)에 해당하지 않는 경우 추계신고 시 무기장가산세(산출세액의 20%)가 적용된다.

② 장부신고(간편장부 vs 복식부기)

간편장부대상자는 해당 과세기간에 신규로 사업을 시작하였거나 직전 과세기간의 수입금액(결정 또는 경정으로 증가된 수입금액을 포함)의 합계액이 업종별 기장의무표에 따라 간편장부 수입금액(3억, 1.5억, 7.5천만 원 미만)에 해당하는 사업자를 말한다. 이 사업자는 장부를 복식부기로 하지 않고 간편장부로 작성하여 신고할 수 있다.

장부를 기장하지 않는 경우는 복식부기의무자가 장부를 기장하지 않아 추계신고하는 경우 무신고가산세[수입금액의 0.07%와 무신고납부세액의 20%(부정무신고 시 40%, 국제거래 수반한 부정무신고 시 60%) 중 큰 금액]와 무기장가산세(산출세액의 20%) 중 큰 금액을 가산세로 부담하게 된다.

전문직사업자는 수입금액에 상관없이 복식부기의무자이다. 재산상태와 손익거래내용의 변동을 빠짐없이 거래마다 차변과 대변으로 나누어 기록한 장부를 기록 · 보관하여야 하며, 이를 기초로 작성된 재무제표를 신고서와 함께 제출하여야 한다.

전문직 업종

의료업, 수의업, (한)약사업, 변호사업, 심판변론인업, 변리사업, 법무사업, 공인노무사업, 세무사 · 회계사업, 경영지도사업, 통관업, 기술지도사업, 감정평가사업, 손해사정인업, 기술사업, 건축사업, 도선사업, 측량사업

간편장부대상자가 장부를 기장하지 않는 경우 산출세액의 20%를 무기장가산세로 부담하게 된다. 다만, 직전 과세기간의 수입금액이 4,800만 원 미만인 소규모 사업자 등은 제외한다. 장부를 기장하지 않는다면 결

손금액이 발생하더라도 이를 인정받지 못한다.

성실신고확인대상자는 장부기장내역과 과세소득의 계산 등 성실성을 확인하기 위해서는 세무전문가의 공공성과 전문성을 필요로 하기 때문에 업종별 표에 따라 성실신고확인대상 수입금액 이상인 경우 성실신고확인대상자가 되고 과세당국의 제재와 감시를 받게 된다.

③ 공동사업신고

공동사업장이 있는 경우 공동사업장을 1거주자로 보아 신고, 장부의무를 판정한다. 공동사업장 외에 다른 사업장이 있는 경우에는 이와 별개로 판정하여 적용하게 되며 공동사업자 각자의 신고방법이 다를 수 있다. 공동사업장의 소득금액을 계산한 뒤 공동사업계약 시 정한 분배비율에 따라 소득을 분배한 뒤 구성원 각각이 개별적으로 종합소득세신고를 한다. 부가가치세의 경우 사업장 단위로 신고되기 때문에 소득세신고를 주대표자만 신고하고 나머지 구성원이 소득세신고를 누락하는 경우가 종종 있으므로 주의해야 한다.

종합소득세의 세율은 초과누진세율이므로 공동사업의 경우 소득이 지분비율로 안분되어 소득에 대한 세금부담이 나누어지므로 전체적인 세부담을 낮출 수 있다. 따라서 사실상 함께 사업을 하는 사람이 있다면 한 사람 명의 사업자로 계산된 세금을 내는 것보다는 공동사업자로 등록을 하여 과도한 누진세 부담을 피하는 것이 좋다.

예를 들어, 단독명의 사업 시에 1억5천만 원의 순이익(과세표준)이 있다고 가정하면 초과누진세율(6, 15, 24, 35%)을 적용받게 되어 3,760만 원의 소득세를 납부한다. 그런데 다른 사람과 각각 50%의 지분비율로 사업을 운영하면 각 사업주는 7,500만 원씩의 과세표준에 의해 세금을 납부하게 되므로 한 사람당 1,278만 원의 납부세액이 발생한다. 이 경우 총 2,556만 원을 납부하여 1,204만 원의 소득세를 절감할 수 있게 되는 것이다.

(3) 법인세

1) 법인에 대한 이해

법인사업을 이해하려면 법인의 개념을 아는 것이 굉장히 중요하다. 법인세법과 사업관리의 기초가 되기 때문이다. 백과사전 등에서는 "법인(法人, Legal Person)이란 자연인 이외의 것으로서 법률에 의하여 권리능력이 인정된 단체 또는 재산을 말한다"라고 법인의 개념을 설명하고 있다. 쉽게 말하면 개인과 같은 하나의 객체로 법적으로 만들어진 사람으로 이해할 수 있다. 개인으로 치면 주민번호인 법인번호를 부여받으며 개인이 법인을 설립하여 운영하는 경우 개인과 법인은 별도의 존재이다. 법인은 영리법인과 비영리법인으로 나누어진다. 영리법인은 상법에 의하여 영리를 목적으로 설립된 법인을 말하며, 비영리법인은 사단, 재단, 그 밖의 단체로서 영리 외의 목적으로 설립된 법인을 말한다.

대부분 우리 주위에서 볼 수 있는 법인사업자는 주식회사로 주주가 자본금을 납입하여 설립되며 투자한 자본금만큼의 '한정된' 유한책임을 진다.

영리법인의 종류는 주식회사, 유한회사, 유한책임회사, 합명회사, 합자회사로 총 다섯 가지 종류가 있다.

회사 종류	특징
주식회사	• 주식을 발행하며, 주식은 주주의 권리로 쉽게 사고팔 수 있음 • 투자를 받기 쉽고 이사의 임기가 존재하여 미 중임등기 시 과태료 부과 등의 「상법」상 절차를 지켜야 함 • 국내 대부분 법인들이 선택한 형태
유한회사	• 투자사원은 지분권을 취득하고 이사 임기는 정관으로 자유롭게 정하므로 과태료가 부과될 일이 없음 • 정관으로 절차를 변경할 수 있어 주식회사에 비해 절차 간소화함 • 구글코리아, 애플코리아, 루이비통코리아 등 외국계 대기업의 한국지사들이 많이 택하고 있는 형태
유한책임회사	• 사원가입(정관에 적음)은 정관변경을 통해서만 가능하고, 정관변경은 전사원 동의 필요함 • 유한회사와 마찬가지로 정관으로 절차를 변경할 수 있어 주식회사에 비해 절차 간소화함 • 고도의 기술을 보유하고 있지만 초기 상용화에 어려움을 겪는 청년 벤처 창업, 사모투자펀드, 법무법인, 세무회계법인 등의 형태
합명회사	• 사원가입(정관에 적음)은 정관변경을 통해서만 가능하고, 정관변경은 전사원 동의 필요함(사원총회의 의결권은 지분율과 관계없이 동등함) • 법무법인, 노무법인, 세무법인, 회계법인 등은 대부분 합명회사 형태
합자회사	• 1인 이상의 무한책임사원과 1인 이상의 유한책임사원으로 구성되며, 나머지는 합명회사와 동일한 형태 • 선택한 회사는 극히 드믄 형태

2) 법인세의 신고 · 납부

우리가 흔히 설립하는 일반법인은 내국법인, 영리법인이 주를 이룬다. 법인은 순자산증가설을 기본으로 하여 법인의 모든 수입은 법인의 수입금액을 구성한다. 이와 같은 수입금액에서 비용을 차감한 법인의 당기순이익에 세법적인 조정 후 소득금액이 결정되며 이 소득금액에 9~24%의 세율을 곱하여 법인세를 납부한다.

자세히는 내국법인, 외국법인과 영리, 비영리 여부에 따라 과세되는 소득의 범위가 아래와 같이 나뉜다.

법인의 종류		각 사업연도 소득에 대한 법인세	토지 등 양도소득에 대한 법인세	미환류 소득에 대한 법인세	청산 소득
내국법인	영리법인	국내 · 외 모든 소득	○	○	○
	비영리법인	국내 · 외 수익사업에서 발생하는 소득	○	×	×
외국법인	영리법인	국내원천소득	○	×	×
	비영리법인	국내원천소득 중 열거된 수익사업에서 발생한 소득	○	×	×
국가 · 지방자치단체		납세의무 없음			

* '법인으로 보는 단체'의 납세의무는 비영리 내국법인의 납세의무와 같다.

3) 법인세 과세대상소득

법인의 사업연도는 다양하게 정할 수 있으며, 대부분의 법인사업자들의 사업연도는 1월 1일부터 12월 31일이다. 기본적인 사업연도를 정하면 그 사업연도에 발생하는 소득에 대해 법인세가 과세된다. 법인의 사업과 관련된 매출과 경비인 원가 및 판매관리비 등뿐만 아니라 그 밖의 수익이나 비용도 계산대상에 해당하고 주택(부수토지 포함) · 비사업용 토지를 양도하는 경우 '토지 등 양도소득에 대한 법인세'를 추가로 납부하여야 한다. 또한 법인을 청산하는 경우 청산소득에 대한 법인세도 납부해야 한다.

법인의 소득구성(예시)

- 업종별로 발생하는 사업관련 소득
- 이자소득, 배당소득
- 주식 · 신주인수권 또는 출자지분의 양도로 인한 수입
- 유형자산 및 무형자산의 처분으로 인한 수입
- 부동산 등 양도로 인한 수입
- 그 밖에 대가(對價)를 얻는 계속적 행위로 인한 수입

가령, 도 · 소매업을 하는 법인은 상품을 매입하는 비용과 운반비로 사용되는 택배비 등을 지급하고 판매하는 일련의 과정에서 수익은 도소매업으로 발생한 판매금액이며, 비용은 상품매입, 운반비 등의 각종 비용으로 본다. 이런 매출에서 비용을 차감한 순이익을 계산할 수 있고 그 순이익을 법인세법에 따른 과세표준으로 조정한 금액에 세율을 곱하여 법인세로 계산하는 것이다.

4) 세액계산 흐름

일반적으로 법인은 복식부기로 장부를 작성하여 회계적 장부를 작성하지만, 법인세법에 맞는 수익과 비용으로 법인조정하여 법인세를 산출한다. 예를 들어, 세금과공과 중 과태료는 기업회계상 세금과공과인 비용계정이지만 세법적으로 비용이 아니기 때문에 손금불산입(익금)으로 조정하여 법인세가 더 발생하게 되는 것이다.

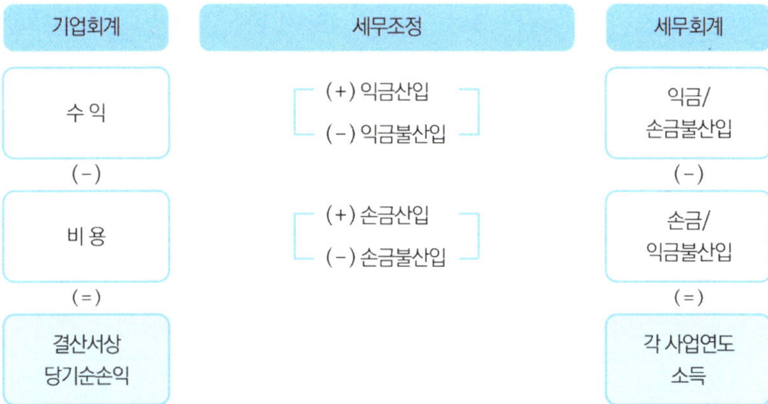

(4) 원천세신고(원천징수이행상황신고)

일반적으로 원천세신고는 노무에 대한 대가를 지급하여 발생하는 인건비 등이 신고로 근로소득, 사업소득, 이자소득, 배당소득, 기타소득 등 원천징수 납부의무가 있는 여러 가지 소득에 대해 신고를 한다.

1) 원천징수란

소득을 지급하는 자가 소득 '지급 시' 소득자의 세금을 징수 · 납부하는 세금을 원천세라고 한다. 사업장에서 급여지급 시 미리 소득세, 지방세를 떼고 월급을 지급한 뒤 이를 납부하고, 근로자는 연말정산을 통해 원천징수한 세금이 더 많은 경우 환급을 받고, 더 납부한 금액이 있는 경우 추가로 납부하는 것이 대표적인 원천징수의 예이다.

원천징수의무자는 원천징수를 징수 · 납부해 주는 자를 말한다. 원천징수대상소득 또는 수입금액을 지급하는 자(개인, 법인 모두 포함)는 원천징수의무자로 이자 · 근로 · 퇴직 · 기타소득을 지급하는 자가 사업자등록번호 또는 고유번호가 없는 개인인 경우에도 원천징수의무자에 해당되지만 실무적으로 간과하는 경우가 있으므로 원천징수대상 여부를 확인하고 신고해야 할 것이다.

2) 원천징수대상 및 납부

<table>
<tr><th colspan="2">적용대상</th><th>대상소득</th><th>납부 세목</th></tr>
<tr><td rowspan="2">「소득세법」</td><td>거주자</td><td>이자소득, 배당소득, 사업소득, 근로소득, 연금소득, 기타소득, 퇴직소득</td><td rowspan="2">해당 소득에 따라 달라짐(근로소득세, 퇴직소득세 등)</td></tr>
<tr><td>비거주자</td><td>국내원천소득 중 원천징수대상소득(이자소득, 배당소득, 부동산소득, 선박 등의 임대소득, 사업소득, 인적용역소득, 근로소득, 퇴직소득, 연금소득, 토지건물의 양도소득, 사용료소득, 유가증권 양도소득, 기타소득)</td></tr>
<tr><td rowspan="2">「법인세법」</td><td>내국법인</td><td>이자소득, 배당소득(집합투자기구로부터의 이익 중 투자신탁의 이익에 한정)</td><td rowspan="2">법인세</td></tr>
<tr><td>외국법인</td><td>국내원천소득 중 원천징수대상소득(이자소득, 배당소득, 부동산소득, 선박 등의 임대소득, 사업소득, 인적용역소득, 토지건물의 양도소득, 사용료소득, 유가증권 양도소득, 기타소득)</td></tr>
</table>

원천징수신고에 필요한 서류

지급금액(세전), 소득자(직원 등)의 주민번호, 성명, 외국인인 경우 외국인등록증(거소증)이 필요하며 국외 비거주자의 경우 최소한 여권, 납세자번호의 정보가 필요하다.

tips!

원천세신고는 보통 세무사에게 대리를 맡긴다. 하지만 대리인을 통해 신고하지 못했더라도 지급금액, 직원 등 인건비 신고대상자의 주민번호, 외국인의 경우 비자 종류와 인적사항을 기록한다면 추후 신고에 대비할 수 있다.

3) 원천징수시기 및 납부기한, 납부, 가산세

원천징수의무자는 지급일이 속하는 달의 다음달 10일까지 신고 · 납부하며, 반기신고납부 신청자는 7월 10일과 1월 10일까지 신고 · 납부한다. 원천징수로 인해 원천징수이행상황신고뿐만 아니라 지급명세서 및 간이지급명세서 제출의무도 있으므로 기한 내 신고하여 가산세대상이 되지 않도록 해야 한다.

구분		신고납부기한 제출기한
원천징수 이행상황신고	일반	소득지급일이 속하는 달의 다음달 10일까지
	반기납부	소득지급일이 속하는 반기(1~6월, 7~12월)의 다음달 10일까지(7월 10일/1월 10일까지)

구분		신고납부기한 · 제출기한
지급명세서	근로 · 퇴직 · 사업소득 · 종교인소득 · 연금계좌	다음연도 3월 10일까지
	일용근로소득	지급일이 속한 달의 다음달 말일
	이자, 배당, 기타소득 등 그 밖의 소득	다음연도 2월 말일까지
간이지급 명세서	근로소득	소득지급일이 속하는 반기(1~6월, 7~12월)의 다음달 말일까지(7월 31일/1월 31일까지)
	사업소득	소득지급일이 속하는 다음달 말일까지

① 본점일괄납부

법인이 지점 · 영업소 등 사업장이 독립적으로 구분되어 회계를 나누어 처리한다면 원천징수세액은 각 지점 등에서 납부해야 한다. 일반적으로 지점 · 영업소에서 하는 것보다 본점에서 일괄로 신고 · 납부를 하는 것이 실무적으로 편하기 때문에 본점(또는 주사무소) 관할 세무서장에게 일괄 납부하려는 달의 전달 말일 전까지 원천징수세액 본점일괄납부신청서를 제출하여 본점(또는 주사무소)에서 일괄하여 원천징수세액을 납부한다.

② 사업자단위 과세사업자 납부

사업자가 둘 이상의 사업장을 가지고 있는 경우에 해당 사업자의 본점, 주사무소를 관할하는 세무서장에게 등록을 한 후, 본점 또는 주사무소에서 신고 · 납부하여 납세편의를 받을 수 있다.

③ 가산세

보통 원천징수해야 하는 개인 또는 법인사업자 등이 징수하여 납부할 세액을 세법에 따라 납부기한까지 납부하지 아니한다면 이에 따른 재제로 가산세가 발생한다.

① 과소납부세액 × 3%
② 과소납부세액 × 경과일수(납부기한의 다음날부터 자진납부일까지의 기간) × 2.2/10,000

미납세액 또는 과소납부세액의 10%에 상당하는 금액을 한도로 하기 때문에 일수가 많이 지났다 하더라도 최대 10%의 가산세만 발생한다. 또한 원천징수는 지방세인 특별징수분이 붙기 때문에 지방세가산세도 같이 발생하고 같은 방식으로 계산된다.

4) 인건비와 4대보험

사업장에 4대보험 가입대상 근로자가 있는 경우 사업장 성립신고 후 근로자에 대한 취득신고를 하게 된다. 취득신고 시 월급여에 따라 고지되는 4대보험을 매달 납부해야 하므로 급여대장 작성 시에 급여에 대한 세금뿐 아니라 4대보험 근로자 부담분을 고려하여 실지급액을 산정하도록 한다. 이에 따른 국민연금, 건강보험, 고용보험, 산재보험의 사용자 부담분은 급여와 더불어 경비가 된다.

Ⅱ 사업자등록부터 중요하다

사업을 하기 위해서는 무엇부터 해야 할까? 일단 '어떤' 사업을 할지는 결정이 되었다고 하였을 때 단순히 사업장을 임차하거나 사업자등록을 낸다고 생각하는 사람들이 많다.

사업자등록은 사업자에게 있어 '창업'의 시작점이다. 사업자등록을 하기 전에 미리 알고 결정해야 할 것을 담아 보았다. 그동안 많은 사업자들을 상담하며 사업자등록의 첫 단추를 잘못 시작하여 감면을 놓치거나 환급을 받지 못하는 등 안타까운 사례들을 볼 수 있었다. 업종코드 차이로 지원금을 받지 못하게 되는 경우도 있었으며 사업장 주소가 길 하나 차이로 지역이 달라져 감면을 못 받는 경우도 있었다.

사업자등록신청서를 작성하려면 채워야 할 칸들과 선택해야 할 사항이 많다. 짧은 시간 많은 것이 결정되기 때문에 사업자등록부터가 사업의 중요한 시작이다. 만약 사업자등록을 이미 했다면 잘한 것인지 지금이라도 점검해 보는 것이 중요하다.

▶ 사업자등록 로드맵 한눈에 보기

1 사업의 업종, 업태 알아보기

- 자신의 사업이 어느 업종, 업태인지 알아본다.
- 「부가가치세법」상 면세인지 과세인지 알아본다.
- 간이과세자가 가능한 업종인지도 같이 살펴보면 좋다.

2 창업감면이 가능한지 알아보기

- 청년에 해당하는가?
- 업종이 해당하는가?
- 지역이 해당하는가?

3 사업자 형태 결정하기

- 법인, 개인의 형태를 결정한다.
- 업종에 맞는(과세, 면세) 사업자를 신청한다. 개인의 경우 간이가 가능한 경우에는 간이과세자가 자신에게 유리한지 추가로 검토한다.

개인사업자			법인사업자	
과세		면세	과세	면세
간이과세자	일반과세자	면세사업자	일반과세자	면세사업자

4 사업장 임차

5 법인의 경우 별도의 설립이 필요

6 허가가 필요한 업종의 경우 허가증 받기

예 통신판매업 - 신고
음식점 – 영업신고

7 사업자등록

1. 사업자등록 전 꼭 확인할 것

(1) 정확히 어떤 사업을 하는 것인가?: 정확한 업종코드

하고자 하는 사업의 형태가 어떤 업종과 업태인지 제대로 아는 것부터가 사업자등록의 바람직한 시작이라고 할 수 있다. 이 분류에 따라서 사업자등록 형태와 어떤 세금을 어떻게 낼지 결정되기 때문이다.

"업종코드를 대충 등록하고 나중에 고칠 수 있다고?" 그렇게 하면 간이과세자나 과세 · 면세사업자 등록을 못할 수도 있다. 업종과 업태를 정하는 것은 가장 기초적이고 중요한 내용이고 업종과 업태를 정확히 알아야 첫 단추를 무사히 꿸 수 있다.

- **업종이란?**
  '무엇을' 파는가, 어떤 서비스(용역)를 제공하는가.
- **업태란?**
  '어떻게' 무엇을 팔거나 제공하는가.

먼저 한국표준산업분류상 자신의 업종, 업태가 어떻게 분류되는지를 찾아본다. 사이트를 통하거나 분류표를 훑어보고 가장 가까운 것을 선택하는 것이 간편하다.

업종 · 업태 분류 검색

1. 통계청 한국표준산업분류: 통계청 통계분류포털 사이트 접속
   (https://kssc.kostat. go.kr)
   KSIC 한국표준산업분류>검색>분류검색, 분류내용보기(해설서)

2. 국세청 업종코드 확인하기: 국세청홈택스 사이트(www.hometax.go.kr) 접속 조회/발급>기타 조회>기준 · 단순 경비율(업종코드)에서 위에서 찾은 업종을 검색하면 정확한 코드를 찾을 수 있다.

예를 들어, 물건을 판매한다면 먼저 종목 도매 및 소매업 – 업종 중에서 자신이 판매하는 형태를 확인해서 편의점, 전자상거래 등의 업태를 확인하는 순서이다.
그 다음 자신이 찾은 업종, 업태를 국세청이 정한 업종코드에서 찾아 사업자등록을 할 때 신청서에 적어주면 된다.

(2) 과세사업 또는 면세사업 확인

자신의 업종, 업태와 같은 사업형태를 명확히 한 후 면세에 해당하는지 확인해야 한다. 면세사업자는 부가가치세를 내지 않으며 부가가치세 환급을 받을 수 없고 세금계산서가 아닌 '계산서'를 발행한다. 이처럼 운영에서 큰 차이가 있기 때문에 사업구상 단계에서 꼭 미리 확인하는 것이 좋다. 만약 면세사업도 하고, 과세사업도 한다면 '겸영'사업자로서 일반과세자로 등록을 한다. 일반과세자는 면세, 과세 모두 겸업을 할 수 있다.

1) 면세는 어떤 것이 있을까?

아래 박스의 재화, 용역을 공급하는 경우에는 면세에 해당된다. 면세는 '열거'된 것에 적용을 하기 때문에 자신의 사업에서 공급할 재화, 용역이 면세에 해당하는지 여부로 자신의 사업이 과세인지 면세인지 판단하여 사업자 등록을 진행해야 할 것이다.

같은 업종, 업태일지라도 면세대상으로 열거된 재화 · 용역을 공급하는 경우에 면세를 적용하기 때문에 어떤 재화 · 용역을 어떻게 공급하는지 여부에 따라 주의를 요한다.

예를 들어, 도소매업인 경우에도 과세대상 재화를 공급하는 경우는 과세사업자이며 면세대상 재화만을 공급한다면 면세사업자, 과세 · 면세 재화를 모두 공급하는 경우에는 겸영사업자이다.

면세대상 재화, 용역

식료품의 판매, 허가 또는 인허가 받은 학원, 강습소, 교습소 등 교육용역업, 연탄, 무연탄, 복권판매, 병의원 등 의료보건, 도서, 신문, 잡지에 해당하는 경우 면세대상 재화 또는 용역의 업종이라고 볼 수 있다.

2) 사업자등록 시 구분

계획한 사업이 면세에 해당하는 경우 처음부터 면세사업자로 사업자 신청을 진행해야 하며, 그 외 면세가 아닌 경우는 모두 과세사업자로 사업자등록을 한다고 생각하면 이해가 쉬울 것이다.

과 · 면세 여부	사업자등록상 지위
면세사업	면세사업자
과세사업	과세사업자
면세 · 과세 겸영사업	과세사업자
영세율 적용사업	과세사업자

면세와 과세가 함께 있는 경우에는 겸영사업자로서 사업자등록은 과세사업자로 등록을 하고 수입금액에 대해 과세와 면세를 구분하여 신고를 하게 된다. 수출업 등의 영세율을 적용받는 사업자 또한 과세사업자이다.

2. 법인 vs 개인: 사업유형 선택

(1) 법인과 개인사업자 결정

사업을 시작하기 위해 개인으로 사업자등록을 할지, 법인으로 사업자등록을 할지 결정해 보자. 개인 vs 법인은 장단점을 내가 선택하는 것이다. 법인은 무조건 복잡해서 안 된다고 생각하거나, 법인은 세율이 낮아서 무조건 절세가 된다고 생각한다면 지금부터 아래 내용을 잘 살펴보자. 어렵지 않으니 자신에게 어떤 것이 맞을지 특징을 잘 살펴보고 선택해 보자.

법인과 개인은 사업의 개시과정, 세율, 4대보험 가입과정, 급여부분 등 다양한 부분에서 다르다. 아래 표에서 요약하여 보자.

구분	개인	법인
설립	–	설립비용, 절차 필요
자본금	–	일정금액의 자본금을 납입
세율	6~45%	9~24%
수익귀속	자유롭게 인출가능	수익은 법인에게 귀속되며 주주는 배당, 대표이사 등 직원에게는 급여로 인출가능
사업의 법적 책임	개인에게 있음	주주 출자금 유한책임
자금조달	개인이 해야 함	주주모집 등 자유로움
대표자 급여	비용으로 인정 안 됨	비용으로 인정
대표자 4대보험	사업장소득이 반영	법인의 소득은 반영되지 않고 대표자의 급여를 기준으로 함

1) 설립과 초기비용

개인의 경우 별도의 법인과 같은 설립절차 없이 개인이 사업자등록을 진행하면 된다. 사업자금 또한 개인의 자금으로 사용을 하게 된다. 사업용 자금, 개인자금의 구분이 없다고 볼 수 있다.

법인의 경우에는 법인이라는 새로운 인격을 만드는 절차가 필요하다. 법인을 설립하기 위해서는 자본금이 필요한데 그 금액에는 하한이 없기 때문에 자본금에 부담을 가질 필요는 없다. 하지만 기본적인 초기비용 이하로 자본금을 설정할 경우 초기비용에 대해서 대표이사나 주주가 임의로 자금을 넣게 되는 부담이 있기 때문에 초기투자비용, 기본적인 비용을 생각하여 설정하는 것이 좋고 입찰이나 거래에서 자본금 금액을 기준으로 평가하는 경우가 있으므로 추후에 다시 증자를 하는 번거로움을 피하려면 자본금 설정에 주의를 기울이는 것이 필요하다.

2) 개인의 책임

개인의 사업은 사업용 통장의 인출이 자유롭고, 사업의 의사결정 시 개인 의사로 결정이 간단히 이루어진다. 하지만 개인의 사업인 만큼 개인사업자의 책임도 사업주에게 있다. 가령, 사업으로 인해 생긴 이익금은 마음대로 쓸 수 있지만 사업을 하면서 생긴 세금체납, 채무도 개인 재산을 팔아서 감당해야 한다.

3) 법인에서 대표이사란

법인을 설립하는 대표자는 보통 법인의 주주와 대표이사를 겸할 수도 있으며 주주가 아닌 대표이사직만으로 가능하다. 법인에서 대표이사 등 임원과 주주는 별개의 지위를 갖는다.

법인사업자와 개인사업자의 가장 큰 차이는 대표자 및 주주가 법인통장의 자금을 함부로 사용할 수 없다는 점이다. 대표자는 법인의 근로자로 월급을 입금받을 수 있고 주주는 법인의 잉여금을 배당받아 입금받을 수 있다. 법인의 주주는 개인사업자와 다르게 유한책임을 지지만, 체납 등이 있는 경우에는 과점주주가 제2차 납세의무자이므로 책임의 범위가 커질 수 있다.

(2) 세부담 비교

▶ **소득세와 법인세율 비교**

과세표준	종합소득세 세율	법인세 세율
1,400만원 이하	6%	
1,400만원 ~5,000만원	15%	
5,000만원~8,800만원	24%	9%
8,800만원~1억 5천만원	35%	
1억 5천만원~2억원	38%	
2억원~3억원	38%	
3억원~5억원	40%	19%
5억원~10억원	42%	
10억원~200억원		
200억원~3,000억원	45%	21%
3,000억원 초과		24%

세율을 보면 법인이 훨씬 간단하고 세율도 낮다. 개인은 소득이 많을수록 높은 세율이 적용된다. 실제로 세율만 비교해 보았을 때는 아직 자

신의 예상소득을 몰라도 개인의 세율이 소득에 따라 증가하는 누진세구조라는 것을 알 수 있다.

법인은 과세표준에 대한 세율 외 급여, 배당의 세금도 따져야 한다. 하지만 법인의 경우 대표이사는 '급여', '배당'의 형태로 수익금을 가져갈 수 있고 이때도 세금을 내기 때문에 그에 대한 세금도 같이 생각하여 세부담을 예상해야 한다는 것을 잊지 말아야 한다. 이때 대표자의 급여는 '법인에는 비용'이기 때문에 이익을 계산할 때도 이를 고려해야 한다.

아래와 같이 대표이사로서 급여를 가져가는 것에 대해 발생되는 근로소득세와 법인세를 합산한 세부담 비교표를 보면 급여액 책정에 따라 법인의 세부담이 달라지는 것을 알 수 있다. 예상 법인 순이익, 급여액을 생각해서 세율의 유 · 불리를 따져보아야 할 것이다.

▶ **실효세액 계산**

<table>
<tr><th>소득세 · 법인세</th><th>개인</th><th>법인</th><th>세부담 비교(법인기준)</th></tr>
<tr><td>소득금액</td><td>200,000,000</td><td>200,000,000</td><td rowspan="7">세부담 비교(법인기준)
- 33,890,000</td></tr>
<tr><td>대표자의 근로소득</td><td></td><td>100,000,000</td></tr>
<tr><td>과세표준</td><td>200,000,000</td><td>100,000,000</td></tr>
<tr><td>세율</td><td>6~38%</td><td>9%</td></tr>
<tr><td>산출세액</td><td>56,600,000</td><td>9,000,000</td></tr>
<tr><td>근로소득 납부세액</td><td></td><td>13,710,000</td></tr>
<tr><td>총부담세액</td><td>56,600,000</td><td>22,710,000</td></tr>
</table>

* 지방소득세 별도

위의 표에서와 같이 사업 순수익(매출 - 매입)이 2억원일 때 개인이 부담하는 소득세와 법인에서 같은 순이익 2억원이 발생할 때 대표이사의 연봉을 1억원으로 책정하는 경우 1억원은 법인의 추가적인 비용이 된다. 표에서는 순이익 1억원, 대표이사의 급여 1억원의 세금을 합계한 금액으로 총이익 2억원에 대해 세금을 부담하는 법인과 본인의 사업장이기 때문에 순이익 2억원의 세금을 부담하는 개인사업자를 비교하였다. 총부담세액이 개인보다 법인이 낮은 것을 볼 수 있으며 개인과 법인의 세율 차이로 인해 순수익이 2억원보다 크거나 대표이사의 급여가 1억원보다 낮은 경우 절세효과가 더 커질 수 있다.

개인의 경우 위 세금을 내면 2억원이 개인에게 모두 귀속되지만 법인의 경우에는 법인세를 낸 소득 1억원은 법인에 귀속되는 차이점을 생각해야 한다. 개인의 경우 세율이 높아 당장 세금을 내고 다시 투자 등 유용할 자금이 적어지지만 법인의 경우 당장 이익에 대해 납부하는 세부담이 적기 때문에 이익을 다시 투자하여 운영하기에는 더 유리한 부분이 있다.

(3) 세금신고 비교

<table>
<tr><th colspan="2">신고</th><th>개인</th><th>법인</th></tr>
<tr><td colspan="2">소득신고</td><td>종합소득세: 5월에 신고</td><td>법인세: 3월에 신고</td></tr>
<tr><td rowspan="2">매출 · 매입
신고</td><td>부가가치세</td><td>연 2회
(예정고지 납부 2회,
확정신고 2회)</td><td>연 4회
(예정신고 2회,
확정신고 2회)</td></tr>
<tr><td>면세</td><td>연 1회</td><td>세금계산서 합계표
제출의무만 있음</td></tr>
<tr><td colspan="2">인건비신고</td><td>매월 또는 연 2회 신고</td><td>매월 또는 연 2회 신고</td></tr>
</table>

1) 법인의 세금신고가 더 복잡하고 많다?

개인과 법인은 기본적으로 신고의 구분이나 틀이 크게 다르지 않다. 부가가치세신고의 경우 법인의 신고횟수가 분기별로 개인에 비해 많지만 개인도 요건에 따라 법인처럼 예정신고를 하기도 하며 소규모 법인은 개인처럼 연 2회 신고를 하기도 하므로 큰 차이로는 볼 수 없다. 면세신고를 하는 법인의 경우 별도로 부가가치세 신고의무가 없다. 큰 틀에서 법인이 개인에 비해 세금신고에 대한 부담이 큰 편은 아니라고 볼 수 있다.

소득에 대한 신고, 인건비신고의 경우 신고횟수나 부담이 동일하다. 다만, 개인의 경우 직원이 없을 때 개인은 별도의 인건비관련 신고가 없으나 법인은 대표이사도 직원으로 보기 때문에 4대보험 대상 직원으로서의 취득신고, 보수총액신고와 인건비신고가 필요하다. 다만, 법인사업 초기 대표이사의 보수가 없는 경우 무보수로 처리하여 4대보험 및 인건비신고의 부담을 덜 수 있다.

2) 법인과 개인의 회계장부

세금신고의 빈도나 부담은 비슷한 반면 장부작성의무에는 차이가 있다. 법인의 경우 복식부기로 회계처리를 하여 재무제표(재무상태표, 손익계산서, 합계잔액시산표 등)를 만들고 법인세를 신고해야 하는 반면, 개인은 복식부기의무 외에도 규모, 업종에 따라 신규 또는 소규모 사업자는 추계로 간단히 장부 없이 신고가 가능하며 간편장부라는 간단한 신고도 가능하다. 복식부기로 장부를 작성하고 신고하기 위해서는 세무대리인의 장부관리(기장)가 필요한 경우가 많으며, 소규모 개인사업자의 복식부기신고의 경우 홈택스로 자신신고를 하거나 세금신고 시에만 세무대리인의 조력을 얻어 신고할 수 있다.

(4) 사업과 4대보험: 국민연금, 건강보험, 고용보험, 산재보험

1) 사업을 하면 당장 많은 보험료를 내게 되는가?

법인의 경우 대표이사는 근로자로서 일반 직장인과 다름이 없고 보수가 없는 경우 무보수로 신고하여 보험료를 납부하지 않는 것도 가능하다. 개인의 경우 사업개시에 따른 보험료 납부는 아래와 같다.

국민연금	소득이 없는 경우에는 납부를 중단하는 것이 가능하다. 사업을 통해 소득이 생기면 소득을 기준으로 하여 보험료가 고지된다.
건강보험	근로소득자로 직장 근무 시에는 근로자로서 회사와 반반 부담을 했던 반면에, 사업을 하기 위해 퇴사한 경우 일단 건강보험상 '지역가입자'로 재산을 고려한 보험료가 책정된다.
고용보험, 산재보험	근로자를 고용하면 사업주로서 부담하는 금액이 발생한다. 사업초기 근로자가 없다면 발생하지 않는다.

2) 가입방식과 보험료 책정

유형		4대보험 가입의무				대표자 보험료 책정방법
		국민	건강	고용	산재	
개인 사업자	4대보험 직원 ×	○	○	×*	×*	지역가입자로 소득, 재산, 자동차를 점수화하여 계산
	4대보험 직원 ○	○	○	○ (직원)	○ (직원)	최소 직원의 급여기준 부과 후 소득금액기준으로 정산
법인 대표이사로 급여를 받는 경우		○	○	○	○	일반근로자와 같이 근로소득자로 4대보험에 가입하고 급여에 따라 납부

* 개인사업자의 고용산재보험은 의무가입이 아니며 가입대상이 되는 경우 가입이 가능하다.

3) 개인사업자의 4대보험

개인사업자는 직원이 있을 때와 없을 때의 가입방식이 다르다.

직원이 없는 경우는 '지역가입자'로 재산, 소득을 고려하여 보험료가 책정된다. 국민연금, 건강보험에 가입하고 보험료를 납부하며, 기존에도 국민연금과 건강보험에 가입되어 있던 개인이라면 사업을 시작할 때 바로 보험료의 변동이 생기지는 않는다.

직원이 생긴다면 사업주도 최소한 고용한 근로자의 급여금액을 기준으로 직원과 함께 사업장 가입자로 국민연금, 건강보험에 가입하며 사업주에게는 고용·산재보험 가입의무는 없다. 첫해에는 채용근로자의 급여금액으로 취득신고를 한다고 가정하면, 근로자만큼의 보험료가 사업주분으로 고지되어 납부하고, 사업장의 소득이 종합소득세신고 시 확정

tips!

개인사업자 고용보험 가입제도

개인사업자도 폐업을 하는 경우 실업급여를 받을 수 있다. 이 제도가 있는 것을 알지 못해 혜택을 받지 못하는 경우가 많다. 요건은 아래와 같다.

가입요건	• 근로자 수 50명 미만 사업장 • 근로자가 없는 사업주도 가능하며 보험설계사, 배달기사와 같은 사업소득자도 가능
실업급여 수급조건	• 1년 이상 가입유지 후 적자발생 등 비자발적인 폐업이 인정되는 경우 실업급여 수령 및 직업능력 개발사업 지원이 가능
가입제외대상	• 부동산 임대사업자, 가사서비스업 • 5인 미만 농업, 임업, 어업, 수렵업 • 소규모 공사 사업자

되면 이후 다시 정산을 하게 되는 구조이다. 한 가지 아쉬운 점은 직원의 급여보다 사업주의 소득이 적은 경우에도 더 낮은 금액으로 정산되거나 고지되지는 않는다.

4) 법인의 4대보험

법인은 직원을 고용하는 경우 직원에 대한 회사 부담금만큼의 보험료 납부의무가 있을 뿐 법인의 소득은 보험료에 영향을 미치지 않는다. 대표이사는 법인의 직원으로서 4대보험에 가입하고 급여액에 대해 보험료를 납부하여 일반적인 근로자와 다르지 않다.

(5) 사업의 폐업, 종료

사업이 뜻대로 되면 좋겠지만 여러 가지 사정으로 폐업을 하는 경우도 얼마든지 생길 수 있다. 사업을 시작하는 것도 중요하지만 잘 마무리하는 것도 중요하다.

개인사업의 경우 사업에서 발생한 부채, 세금 납부도 개인에게 귀속되므로 개인과 연결되어 있다. 사업자등록을 한 개인사업자의 경우 남은 재고, 사업용 자산 등을 정리한 후 폐업신고로 간단히 사업장을 정리할 수 있다. 법인의 경우 폐업절차를 마친 후에도 법인의 등기는 개인의 주민등록증처럼 남아있기 때문에 법인 자체를 없애기 위해서는 해산 및 청산이라는 절차를 거치며 시간과 비용이 추가적으로 발생된다. 이는 법인격에 법인과 관련한 자산, 부채, 납세의무 등이 모두 귀속되므로 법인의 경우 사업자등록을 폐업한다고 하더라도 법인격 자체에 대한 정리(해산 · 청산)가 부가적으로 필요하다.

이처럼 개인과 법인은 운영상의 여러 가지 차이점이 있다. 사업을 계획하는 사람들을 상담해 보면 업종마다 다른 특징, 경영자의 성향에 따라 다양한 선택이 존재한다.

사업을 시작하기에 앞서 종합적으로 판단하여 개인과 법인 중 어느 형태가 더 유리할지 결정하는 것은 어려울 수 있지만 위의 중요한 특징을 확인하고, 앞으로 예상되는 자신의 사업 운영형태를 꼼꼼히 따져본다면 좋은 선택을 할 수 있을 것이다.

3. 간이과세자 또는 일반과세자

개인의 경우 간이과세자라는 사업자등록 유형이 하나 더 존재하여 요건이 되는 경우 선택할 수 있다. 「부가가치세법」상 면세사업자가 아닌 사업자는 모두 과세사업자로서 부가가치세를 납부해야 하는데 부가가치세의 세율은 10%로 동일하다.

간이사업자와 일반사업자 차이에 따라 부가가치세의 세액계산, 신고방법, 환급 등 여러 차이점이 있다. 간이사업자는 무조건 유리하다는 인식이 많고 그러한 경우도 물론 많지만 간이과세자로 사업자등록을 했다가 손해를 보는 사업자도 심심치 않게 볼 수 있다. 간이, 일반의 두 가지 개념은 부가가치세의 기준에서 나뉘는 것으로 「소득세법」상 신고방법, 장부의무와는 전혀 무관하다.

간이과세자의 특징을 안다면 간이과세를 무작정 선택하기 전에 점검해 볼 필요가 있다. 자신의 사업이 간이과세가 가능한지, 간이과세를 선택하는 것이 유리할지 지금부터 알아보자.

간이과세자란 영세한 사업자들이 세법상의 여러 가지 의무를 지키기 어려운 것을 감안하여 일반과세자보다 완화된 의무를 주고 세부담도 낮추어준 사업자 유형이다. 간이과세 적용을 배제하는 지역, 배제업종이 있으므로 이에 해당하는지 여부를 먼저 살펴보고 선택을 해야 한다. 간이사업자의 경우 추후 기준에 따라 일반사업자로 전환될 수 있으므로 면세사업자의 경우 초기 세부담 문제로 간이과세자를 선택하는 경우에 다시 면세사업으로 전환하려면 폐업을 하고 새로 사업자등록을 해야 하므로 주의를 요한다. 간이과세자가 연간 매출액이 8,000만원 이상인 경우 일반과세자로 전환되므로 간이과세자 기준 매출액을 8,000만원 미만의 사업자로 정의하고 있다.

일반적으로는 매출의 10%의 매출세액에서 매입세액 등 각종 공제를 받은 후에 세액을 납부하는데 사업자등록을 할 때 간이과세, 일반과세를 처음부터 선택하는 것을 모르는 경우가 많다. 만약 처음 등록을 할 때 착오로 일반과세자로 등록을 한다면 다시 간이과세사업자로 전환하는 것이 어려울 수 있고 환급세액의 차이가 발생하기 때문에 사업자등록을 하기 전에 아래의 사항들을 살펴보고 간이과세 선택 여부를 꼭 미리 결정하는 것이 좋다.

(1) 유형별 특징

1) 간이과세자

- 기준금액: 1년 매출액(부가가치세 포함)이 8,000만원 미만
- 세액계산: (매출액 × 업종별 부가가치율 × 10%) − 공제세액(매입세액 × 해당 업종의 부가가치율) = 납부세액

업종	부가가치율
소매업, 재생용 재료수집 및 판매업, 음식점업	15%
제조업, 농업 · 임업 및 어업, 소화물 전문 운송업	20%
숙박업	25%
건설업, 운수 및 창고업(소화물 전문 운송업은 제외), 정보통신업	30%
금융 및 보험관련 서비스업, 전문 · 과학 및 기술서비스업(인물사진 및 행사용 영상 촬영업은 제외), 사업시설관리 · 사업지원 및 임대서비스업, 부동산관련 서비스업, 부동산임대업	40%
그 밖의 서비스업	30%

① 간이과세자의 장점

- 매출액에 업종별 부가가치율(5～40%)을 곱한 후에 10%의 세율을 적용하므로 세액이 적다.
- 매출액 4,800만원 이하의 경우에는 면세점 이하로 납부할 부가가치세가 없다.
- 신고를 1년의 과세기간단위로 하여 1월 1일～12월 31일의 과세기간으로 1년에 한 번 신고를 한다(단, 세금계산서 발급가능 간이과세자가 발급을 한 경우에는 일반과세자와 같은 6개월 단위 신고).

② 간이과세자의 단점

- 매입이 더 큰 경우에도 환급이 없다.
- 의제매입세액공제가 없다.
- 규모에 따라 세금계산서 발급가능 여부가 다르다.

▶ 간이과세자 연매출(부가가치세 포함)별 구분내용

연매출	과세방법	부가세 납부	세금계산서 발급의무	신용카드 매입세액공제	의제매입 세액공제
4,800만원 미만	간이과세	면제	×	×	×
8,000만원 미만	간이과세	납부	○	○	×

2) 일반과세자

- 과세사업자 중에서 간이사업자를 제외한 모든 사업자를 말한다.
- 세액계산: 매출세액(매출액의 10%) − 매입세액 = 납부세액

① 일반과세자의 장점

- 매입이 더 많은 경우에는 환급을 받을 수 있다.
- 의제매입세액공제를 받을 수 있다.
- 매출액에 관계없이 세금계산서를 발행할 수 있다.

② 일반과세자의 단점

- 세액계산 구조상 같은 매출액일 때 일반적으로 더 많은 부가가치세를 납부한다.
- 면세점이 없다. 매출액이 작아도 매입이 없다면 부가가치세를 납부한다.

(2) 간이과세가 무조건 유리할까?

간이과세자는 사업 초기에 매출이 연간 4,800만원 미만인 경우 부가가치세는 납부할 부가가치세 자체가 없다. 일반적으로 연간 8,000만원(부가세 포함 매출) 미만 매출이 예상되는 경우에는 간이과세자가 유리하다고 볼 수 있지만 예외적인 경우가 있기에 아래와 같은 자세한 내용을 살펴볼 필요가 있다.

간이과세자는 무조건 세금이 적고 장점이라고 생각하여 문의를 해올 때면 다음과 같이 답변한다. 간이과세자의 매출액이 적다 보니 부가가치세 계산 시 일반과세자보다 적게 내는 것은 맞다. 하지만 ① 사업과 관련된 매입 등이 많은 경우 일반과세자처럼 부가가치세 환급(매출부가가치세보다 매입부가가치세가 큰 경우)은 받지 못한다. 간이과세자로 하고 사업 초기 인테리어비용이 많이 든다면, 프랜차이즈 본사에 창업비가 발생했다면 해당 매입비용(세금계산서, 현금영수증, 카드사용액에 한해서)을 환급받지 못하여 억울한 일이 있을 수 있다. ② 간이과세자는 세금계산서를 발행할 수 있는 자(연매출 4,800만원 이상)와 없는 자(연매출 4,800만원 미만)로 나누어진다. 세금계산서를 발행해야 하는데 간이과세로 매출액이 4,800만원 미만이라면 문제가 발생한다.

간이과세자는 처음 선택을 하고 계속 유지가 되는 것이 아니라 추후에 매출액 요건이 증가하면 일반사업자로 '전환'될 수 있다. 따라서 간이과세자로 개업을 하여도 일반과세자로 전환될 가능성(일반과세적용 사업장의 추가, 높은 매출액 등)이 있다면 이를 고려해서 간이과세자와 일반과세자로 결정하는 것도 중요하다.

(3) 간이과세를 적용할 수 없는 경우, 배제되는 업종 등

간이과세를 적용받지 못하는 경우는 다음과 같다.

- 다른 일반과세사업자를 이미 운영하고 있는 경우
- 일반과세자로부터 양수받은 사업(기준금액 이하 제외)
- 소재지역과 사업의 종류 · 규모 등이 간이과세자로 보기 힘든 경우
- 둘 이상의 사업장이 있는 경우로 둘 이상의 사업장의 공급대가 합계액이 간이과세 기준금액 이상인 경우

배제업종과 지역 등의 기준은 국세청에서 고시하고 있으며 과세기준이 변경되므로 관할 세무서 또는 국체청 홈페이지에서 확인이 필요하다.

- '국세청 홈페이지 > 알림 · 소식 > 고시 · 공고 · 행정예고 > 고시'에서 최신 고지된 지역 확인가능

간이과세 배제업종, 지역은 아래의 예시와 같고 국세청에서 매년 고시한다.

간이과세 배제업종

- 광업, 제조업(과자점업, 도정, 제분업 및 떡류 제조업은 간이과세자 가능)
- 도매업
- 부동산매매업
- 과세유흥장소 경영사업 중 고시하는 지역 등 배제기준에 해당하는 경우
- 부동산임대업 중 일정크기 연면적 이상에 해당되는 경우
- 변호사업, 의사업 등 전문직

(4) 간이 – 일반의 과세유형 전환

간이사업자는 매출이 8,000만원 이상이 되는 경우 자동으로 일반과세자로 전환된다. 간이과세 포기신청을 하는 경우에도 일반과세자로 변경이 가능하다.

간이과세자에서 일반과세자로 전환되는 경우 환급받지 못했던 고정자산 매입세액 등에 대해서 재고납부세액 공제신청을 통해 환급신청이 가능하므로 이 부분을 잘 검토하여 일반과세자로 전환되며 늘어나는 부가가치세 부담을 줄일 수 있다.

일반에서 간이과세자로 전환 시 주의할 점

수입금액이 기준금액 미만인 경우 일반에서 간이로 통지 후에 전환되는 경우가 있다. 이때 주의할 점이 있다. 일반과세자로서 환급받은 금액이 있다면 재고납부세액으로 납부를 해야 할 수 있어 경우에 따라서 유불리를 따져보고 간이과세 포기를 해야 하는 경우도 있다.

tips!

개인사업자도 예정신고 선택

개인사업자(일반과세자, 간이과세자는 해당 없음) 중 사업부진자(직전사업기간 공급가액(납부세액)의 1/3에 미달하는 경우), 조기 환급발생자는 예정신고할 금액과 예정고지금액 중 하나를 선택하여 신고 또는 납부할 수 있다.

세금계산서 발급 간이과세자의 신고

1월 1일~6월 30일 기간 중 세금계산서를 발급한 간이과세자는 7월 25일까지 예정신고를 진행해야 한다.

일반과세자의 조기환급제도

사업을 시작하고 인테리어 등 고정자산을 위해 시설투자를 하였다면, 자금유동성에 무리가 있기 때문에 조기환급을 신청한다. 매월 또는 매 2월에 조기환급 신청이 가능하며, 조기환급은 신고기한 후 15일 이내 환급된다.

- 조기환급대상: 사업자가 영세율을 적용받는 경우, 사업자가 설비(감가상각자산)를 신설 · 취득 · 확장 또는 증축하는 경우, 사업자가 재무구조개선계획을 이행 중인 경우

4. 창업감면 요건에 맞춘 사업자등록

현행 세법의 세액감면 중에서 요건만 맞추어 창업한다면 가장 큰 혜택을 받을 수 있는 것이 바로 창업감면으로 개인, 법인의 소득에 대한 세금을 50~100% 5년간 감면받을 수 있다. 그동안 세무업무를 하며 미리 요건에 맞춘 사업자등록을 하지 못하여 감면을 받지 못하는 분들을 보고 아쉬웠던 경우가 많았다. 감면요건을 미리 맞추어 사업자등록을 한다면 큰 세제혜택을 받을 수 있으니 가능한 경우라면 꼭 고려해 보자. 창업감면 요건은 '창업일' 당시에 충족되야 한다. 창업일은 개인의 경우 사업개시일, 법인은 설립등기일이다.

창업감면을 적용받지 못한다고 해도 제2장 절세부분을 참조하면 다른 각종 세액감면공제로 많은 세금을 절세할 수 있으니 너무 실망하지 말자.

창업감면을 받을 수 있는 요건으로는 먼저 세법상 창업에 해당하고 업종 지역, 나이에 따라 감면 여부와 감면률이 달라진다.

(1) 창업이란?

세법상의 창업이란 '새롭게' 법인이나 개인으로 기업을 설립하는 것을 말한다. 다른 사업을 승계 · 인수한 경우, 개인의 법인전환, 폐업하고 다시 같은 종류의 사업을 하는 경우, 사업을 확장하거나 다른 업종을 추가하는 등 최초로 사업을 개시하는 것으로 보기 곤란한 경우는 모두 창업으로 인정받을 수 없다.

Q A

Q 기존에 사업을 했던 적이 있으면 무조건 창업감면을 받을 수 없나요?

A 아닙니다. 받을 수 있는 경우도 많습니다. 기존 사업과의 연관성, 장소, 업종을 고려해 종합적으로 판단합니다.

- 업종은 한국표준산업분류에 따른 세분류 분류코드의 앞 네 자리 숫자에 따르는 것으로 같은 세분류에 속하는 업종인 경우 창업감면 불가, 다른 세분류에 속하는 경우에는 창업감면 가능합니다.
  즉 한식음식점(분류코드 5611)을 하던 사람이 폐업을 하고 기존의 사업과 연관성 없이 기존과 별도의 사업장에서 다른 업종인 외국음식점(분류코드 5612)을 새로 경영하는 경우에는 창업으로 볼 수 있습니다.
- 종전 사업에 사용하던 자산을 인수하는 경우에는 그 비율이 30% 이하여야 합니다.

위와 같이 새로운 업종으로 시작하는 경우 기존 사업과의 연관성을 따지므로 주의가 필요합니다. 대부분의 법인전환의 경우도 기존 사업을 인수한 것으로 보아 창업으로 보지 않습니다.
만약 전환하며 주업종을 변경하는 경우는 예외적으로 판단하여 창업으로 인정받을 수도 있습니다. 복잡한 경우에는 세무사의 도움을 꼭 받아야 합니다.

(2) 업종요건

아래 업종이 창업감면이 적용될 수 있는 업종이다.

창업감면대상 업종

광업, 제조업(국내OEM 포함), 수도 하수 및 폐기물처리 원료재생업, 건설업, 통신판매업, 물류산업, 음식점업, 정보통신업(제외: 비디오물 감상실 운영업, 뉴스제공업, 블록체인 기반 암호화자산 매매 및 중개업), 금융 및 보험업 중 일부 업종, 전문, 과학 및 기술서비스업(엔지니어링사업 포함, 세무사 · 변호사 · 변리사 · 법무사 · 공인회계사 · 수의사 · 행정사 · 건축사는 제외), 사업시설관리, 사업지원 및 임대서비스업 중 사업시설관리 및 조경서비스업, 사업자원서비스업(고용 알선업 및 인력 공급업은 농업노동자 공급업을 포함), 사회복지서비스업, 예술, 스포츠 및 여가관련 서비스업(다만, 자영예술가, 오락장 운영업, 수상오락서비스업, 사행시설 관리 및 운영업, 그 외 기타 오락관련 서비스업 제외), 협회 및 단체, 수리 및 기타 개인서비스업 중 개인 및 소비용품 수리업, 이용 및 미용업, 직업기술 분야를 교습하는 학원, 근로자직업능력 개발훈련시설 운영업, 「관광진흥법」에 따른 관광숙박업, 국제회의업, 유원시설업 및 전문휴양업, 종합휴양업, 자동차야영장업, 관광유람선업, 관광공연장업, 「노인복지법」에 따른 노인복지시설을 운영하는 사업, 「전시산업발전법」에 따른 전시산업

위의 업종은 한국표준산업분류표를 기준으로 한다.

(3) 청년창업과 일반창업

청년(창업 당시 15세 이상 34세 이하)에 해당하는 경우 수도권 과밀억제권역 내 · 외 지역 모두에서 창업 시 감면이 적용된다. 청년에 해당하지 않는 일반창업의 경우에는 수도권 과밀억제권역 외의 지역에서 창업 시에만 적용이 가능하므로 소규모 창업감면, 벤처 창업감면에 해당되는지 살펴보아야 한다.

청년의 창업 당시 나이를 계산할 때 군복무기간은 연령에서 차감하여 계산한다. 법인의 경우 청년이 대표자이며 최대주주인 경우 청년으로 본다. 청년, 일반창업에 적용되는 감면률은 아래와 같다.

청년	수도권 과밀억제권역 내	100% 감면
	수도권 과밀억제권역 외	50% 감면
청년 외	수도권 과밀억제권역 외	50% 감면

수도권 과밀억제권역

1. 서울특별시
2. 인천광역시(강화군, 옹진군, 서구 대곡동, 불노동, 마전동, 금곡동, 오류동, 왕길동, 당하동, 원당동, 인천경제자유구역 및 남동국가산업단지는 제외)
3. 의정부시, 구리시, 남양주시(호평동, 평내동, 금곡동, 일패동, 이패동, 삼패동, 가운동, 수석동, 지금동, 도농동에 한함), 하남시, 고양시, 수원시, 성남시, 안양시, 부천시, 광명시, 과천시, 의왕시, 군포시, 시흥시(반월특수지역 제외)

Ⅲ 사업자등록하기

사업자등록을 하기 전 점검할 사항들을 모두 점검하고 결정했다면 이제 사업자등록에 필요한 절차를 진행하자. 사업자등록은 사업개시일로부터 20일 내에 신청해야 하며 사업개시 전에도 객관적으로 사업개시를 확인할 수 있는 경우에 가능하다. 업종에 따라 사업자등록 이전에 등록, 허가를 받아야 하는 경우가 있으므로 사업자등록에 필요한 요건과 절차를 정리한 뒤 신청을 준비한다면 시행착오를 줄일 수 있다. 사업개시 전 발생하는 비용에 대한 증빙을 받고 부가가치세 매입세액공제를 받기 위해서라도 가능한 일찍 사업자등록을 하는 것을 추천한다.

사업자등록을 하기 전 허가, 신고, 등록대상 업종인지 확인한다. 국세청

▶ 사업자등록 신청 흐름

사업운영 형태 결정
- 개인/법인
- 면세/과세
- 간이/일반

↓

임대차계약

↓

법인의 경우 법인설립

↓

허가, 신고가 필요한 경우 절차진행

↓

신청서 접수 및 사업자등록증 교부받기

홈택스(https://www.hometax.go.kr/)에서 신청/제출>사업자등록 신청/정정 등>사업자등록 신청(개인, 법인)>업종 선택>업종 입력/수정>업종코드에서 해당 업종을 검색하면 인허가 업종인지 여부를 확인할 수 있다.

1. 필요서류

개인	법인
• 신분증 • 사업자등록신청서 • 사업허가증, 등록증 또는 신고필증 사본 1부 (허가를 받거나 등록 또는 신고를 하여야 하는 사업의 경우) • 임대차계약서 사본(임차하는 경우) • 동업계약서(동업일 경우) • 자금출처명세서(일부 업종)	• 법인 인감증명서 • 법인 등기부등본 • 대표이사 신분증 • 사업자등록신청서 • 사업허가증, 등록증 또는 신고필증 사본 1부 (허가를 받거나 등록 또는 신고를 하여야 하는 사업의 경우) • 주주명부, 정관 사본 • 임대차계약서 사본 • 주주 및 출자명세서

tips!

① 사업자등록 신청 시에 임대차계약서 원본을 지참할 시 임대차보호법에 의한 확정일자도 받을 수 있다. 확정일자는 필수!

② 법인의 경우 임대차등록 시 대표자 인적사항으로 임대차계약을 하고 법인 등기완료 후 법인등록번호로 다시 임대차계약서를 작성하여 사업자등록 시 제출해야 한다.

③ 개인사업자 중 동업인 공동사업자로 사업자신청하는 경우 사업자신청서에 공동사업자들의 날인과 인감증명서를 제출해야 한다.

④ 업종에 따라 거주 중인 자택을 주소로 하여 사업자등록이 가능하다. 이 경우 자택 주소가 사업장 주소로 노출되는 것을 유념하여야 한다.

2. 신청방법

(1) 세무서 방문

빠른 처리를 원하는 경우에는 관할세무서에서 직접 신청하는 것이 좋지만 가까운 타 관할세무서에서도 신청이 가능하다.

(2) 인터넷 신청

편리하게 인터넷에 접속하여 홈택스(https://www.hometax.go.kr)에서도 사업자등록 신청이 가능하다.

- 국세청 홈택스 홈페이지 접속 > 신청/제출 > 사업자등록 신청

▶ 개인 · 법인별 사업자등록에 필요한 서류

구분	구비서류
개인 사업자등록	1. 사업자등록신청서, 대표자 신분증 2. 임대차계약서 사본(사업장을 임차한 경우) 단, 전대차계약인 경우는 전대차계약서 사본(계약서 사본에 건물주의 동의 또는 승낙 표시) 3. 허가(등록, 신고)증* 사본(해당 사업자) * 허가(등록, 신고) 전에 등록하는 경우 허가(등록)신청서 등 사본 또는 사업계획서 4. 동업계약서(공동사업자인 경우) 5. 자금출처명세서(금지금 도 · 소매업, 액체연료 및 관련제품 도매업, 기체연료 및 관련제품 도매업, 차량용 주유소 운영업, 차량용 가스 충전업, 가정용 액체연료 소매업, 가정용 가스연료 소매업, 재생용 재료 수집 및 판매업 및 과세유흥장소에서 영업을 하려는 경우에만 제출) 6. 외국민 · 외국인 입증서류 • 여권 사본 또는 외국인등록증 사본 • 국내에 통상적으로 주재하지 않는 경우: 납세관리인 설정신고서

영리법인 사업자등록	1. 법인설립신고 및 사업자등록신청서, 대표자 신분증 2. 법인등기부 등본, 인감증명서, 인감도장 3. (법인명의)임대차계약서 사본(사업장을 임차한 경우) 단, 전대차계약인 경우는 전대차계약서 사본(계약서 사본에 건물주의 동의 또는 승낙 표시) 4. 주주 또는 출자자명세서 1부 5. 허가(등록, 신고)증* 사본(해당 법인에 한함) 1부 * 허가(등록, 신고) 전에 등록하는 경우: 허가(등록) 신청서 등 사본 또는 사업계획서 6. 현물출자명세서(현물출자법인의 경우에 한함) 1부 7. 자금출처명세서(금지금 도 · 소매업, 액체연료 및 관련제품 도매업, 기체연료 및 관련제품 도매업, 차량용 주유소 운영업, 차량용 가스 충전업, 가정용 액체연료 소매업, 가정용 가스연료 소매업, 재생용 재료 수집 및 판매업 및 과세유흥장소에서 영업을 하려는 경우에만 제출)
비영리법인 사업자등록	1. 법인설립신고 및 사업자등록신청서, 대표자 신분증 2. 법인등기부 등본, 인감증명서, 인감도장 담당 공무원의 확인에 동의하지 아니하는 경우 신청인이 직접 제출하여야 하는 서류이며 국세기본법 제13조에 의한 법인으로 보는 단체의 경우 제외 3. (법인명의)임대차계약서 사본(사업장을 임차한 경우에 한함) 단, 전대차계약인 경우는 전대차계약서 사본(계약서 사본에 건물주의 동의 또는 승낙 표시) 4. 주주 또는 출자자명세서 1부 5. 허가(등록, 신고)증* 사본(해당 법인에 한함) 1부 * 허가(등록, 신고) 전에 등록하는 경우: 허가(등록)신청서 등 사본 또는 사업계획서 6. 주무관청의 설립허가증 사본

Q A

Q 저는 통신판매업을 할 계획이라 사무실을 따로 임차하지 않고 부모님과 함께 살고 있는 집에 사업자를 내고 싶습니다. 가능하다면 월세를 따로 드려야 할까요?

A 사업자등록증을 위해서 임대차계약서를 부모님이 집을 소유하신 경우 부모님을 임대인으로 하여 작성도 가능합니다. 부모님이 임차하신 경우라면 전대를 주실 수 있고, 소유주의 전대 동의를 얻어야 합니다. 통상적으로 집의 임차료가 크지 않은 경우이고, 방 1칸 정도를 임대하여 쓴다면 통상적으로 월세를 지급하지 않는 경우가 더 많으며 증여세 과세 범위 이하인 경우 문제가 되진 않습니다.

Q 거주 중인 집주소를 사업장으로 사용하면 문제가 있을까요?

A 통신판매업 등의 시설 · 설비가 특별히 필요하지 않은 업종의 경우 거주 중인 집주소를 사업장으로 할 수 있습니다.
제조업 등 주택에서 사업자등록이 어려운 경우가 있으며 사업장의 주소는 사업상 노출되므로 이 부분에서는 주의가 필요합니다.

Q 이미 사업장이 있는 장소를 함께 사용하는 형태로 임차를 하여 사업자등록을 할 예정입니다. 문제가 없을까요?

A 제조업 등 시설이 있어야 하고 신고 · 허가 · 등록 등에 필요한 경우에는 별도로 기준을 충족하여 문제가 없다면 가능합니다. 그 외 경우에도 도면을 제출하여 객관적으로 사업을 할 수 있는지 판단하고 등록이 가능합니다.

Q 사업을 시작하기 전에도 사업자등록은 가능한가요?

A 사업을 시작하기 전에 상품이나 시설자재 등을 구입하여 세금계산서 등을 교부받기 위해 예외적으로 사업개시 전 사업자등록을 할 수 있지만 사업을 개시할 것이 객관적으로 담당 공무원의 확인이 필요합니다.

Q 사업자등록을 하지 않은 경우 불이익이 있나요?

A 미등록기간 중 공급가액*의 1%를 가산세로 부과하며, 매입세액을 공제받을 수 없습니다(사업자등록을 하지 않으므로 세금계산서 등을 교부받지 못하여 상품 등을 구입할 때 부가가치세를 공제받지 못하는 부당한 상황이 됨).

* 공급가액이란 부가가치세(10%)가 포함된 공급대가에서 부가가치세를 제외한 금액을 의미합니다. 즉 부가가치세가 포함된 받은 금액이 11,000원인 경우 공급가액은 10,000원이고 부가가치세가 포함된 11,000원이 공급대가입니다.

Ⅳ 사업자등록 후 해야 할 일

1. 사업용계좌 개설 · 신고

(1) 사업용계좌 개설의무자

직전연도 수입금액이 일정 이하인 개인사업자는 사업용계좌 개설의무가 없지만, 개업 시부터 복식부기의무자인 업종은 꼭 주의하여 사업용계좌를 등록하도록 한다.

수입금액 관계없이 개업연도부터 복식부기의무자

전문직 사업자: 변호사, 심판변론인, 변리사, 법무사, 공인회계사, 세무사업, 경영지도사, 기술지도사, 감정평가사, 손해사정인, 통관업, 기술사, 건축사, 도선사, 측량사, 의료업(의사, 치과의사, 한의사), 수의사업, 약사

(2) 개설, 신고기한

복식부기의무자로 해당하는 과세기간 개시일의 6개월 이내 개설신청을 해야 한다. 매년 6월말 국세청에서 사업용계좌 신고를 하지 않은 사업자에게 가산세를 부과하므로 사업용계좌 신고하는 것을 잊지 않도록 해야 한다.

tips!

사업용계좌를 만들기만 하고 국세청에 신고 안 하면 사업용계좌 의무를 지키지 않은 것이다. 만들고 사용하지 않는 경우에도 가산세대상이므로 복식부기 의무자가 되었을 때는 사업용계좌를 사용해야 한다. 개인계좌를 사용한다면 개인계좌도 사업용계좌로 신고*할 수 있다.

* 개인사업자의 경우에는 기존에 사용하던 개인계좌도 사업용계좌로 신고가 가능하다.
하지만 사업으로 인한 매출액이 입금되고 인건비, 임차료 등의 각종 경비와 공과금 등 사업용도의 출입이 구분되고 원할히 내용을 정리하려면 사업을 개시할 때 사업용계좌를 개설하여 사용하는 것이 운용 측면에서 필요할 것이다.
개인계좌를 사업용으로 사용하면 개인적인 입금, 출금액들이 사업자금과 섞여 있어 구분하기도 매우 힘들고 추후 국세청에서 매출 또는 매입금액에 대해 문제가 제기되어 소명 등의 문제가 생긴다면 대응하기 어려울 수 있다.

(3) 신고방법

① **은행에서 계좌 만들기**: 사업자등록증이 나온 후 은행에서 사업용계좌를 개설한다.

② **사업용계좌 국세청에 신고하기**: 사업용 계좌를 국세청에 등록하는 방법은 서면 또는 홈택스로 사업용계좌 개설신청을 한다.

- 방문: 통장 사본과 계좌개설신고서 제출
- 인터넷: 홈택스 홈페이지(https://www.hometax.go.kr)에 접속하여 공인인증서 로그인 후 신청/제출>사업용(공익법인용) 계좌개설관리

(4) 사업용계좌 개설, 신고 미이행, 미사용 시 불이익

① 사업용계좌 개설, 신고 미이행 시 각종 세액감면 배제

② 사업용계좌를 개설하지 않거나, 개설하고 사용하지 않는 경우에는 세무조사 사유에 해당

③ 가산세의 부과

- 사업용계좌를 개설, 신고하지 않은 경우: 개설, 신고하지 않은 과세기간의 총수입금액 중 미개설한 기간의 수입금액의 0.2%와 미사용금액의 0.2% 중 큰 금액
- 사업용계좌를 사용하지 않은 경우: 사업용계좌 미사용금액 0.2%

2. 홈택스 가입

(1) 홈택스란?

국세청 업무를 볼 수 있으며 민원서류 발급 등 국세정보를 조회할 수 있는 시스템으로 인터넷으로도 접속이 가능하며 이제는 손쉽게 스마트폰 애플리케이션으로도 이용이 가능한 국세종합서비스이다.

사업자등록 신청부터 각종 세금신고와 납부까지 가능하며 사업용계좌/카드 등록, 세무대리인 수임동의 등 사업과 관련된 업무 전반에 필요하여 사업자라면 홈택스를 가입하는 것이 필수적이다.

(2) 사업자로 회원가입하기

일단 홈택스 가입 전에 위의 사업용계좌를 은행에서 개설 후 사업용 공인인증서로 홈택스 회원가입을 할 수 있다.

- 인터넷 검색창에 홈택스 홈페이지(https://www.hometax.go.kr)를 검색하여 접속한다.
- 세무서 방문가입: 홈택스 이용신청서 1부와 신청자(대표자)의 신분증 제출

(3) 홈택스 이용서비스

사업자등록 신청부터 폐업신고에 이르기까지 사업상태 전반에 대한 신고뿐 아니라 사업용계좌, 신용카드 등록 등 필수적인 업무를 이용할 수 있다.

과거에는 세무서에 방문하여 이루어졌던 일들이 거의 대부분 홈택스를 통해 이루어진다고 해도 무방할 것이다.

그 예로, 각종 서식의 제출, 사업자카드 등록, 현금영수증 발급, 현금영수증카드 발급, 사업용계좌 신고, 환급계좌 개설신고, 세금계산서 발행 및 조회, 법령 및 예규의 검색 등 편리하게 세액공제를 적용받을 수 있다.

Q A

Q 저는 컴퓨터나 인터넷을 잘 다루지 못합니다. 홈택스는 꼭 가입해야 하나요?

A 네, 물론 가입을 안 한다고 해도 사업을 하지 못하는 것은 아니지만 꼭 가입하라고 하고 싶습니다. 홈택스에 가입해야 각종 세금신고 및 사업용 카드 등록 등 업무상 필수적인 요소들을 손쉽게 처리할 수 있습니다. 인터넷으로 가입이 어려우면 세무서에 방문하거나 세무대리인을 통해서도 가입이 가능합니다.

3. 현금영수증 가맹점 가입 및 발행

현금영수증은 크게 가입의무와 발행의무로 나뉜다. 가입의무대상은 일단 가입을 하고, 발행의무가 있는 업종인지를 확인해야 한다.

사업을 시작하고 매출이 발생 시 고객이 "현금영수증 발행해 주세요" 라고 한다면? 포스기가 없어도, 세금계산서 발행을 못하는 간이사업자라도 모두 발행 가능하다.

tips!

사업용계좌와 마찬가지로 사업개시 때 일단 가입을 하는 것을 추천한다. 가입의무자가 되었는데 모르거나 매년 의무발행업종이 새로 지정되는데 사업이 바빠 모르고 있을 수도 있기 때문이다.

(1) 가입의무

1) 가입대상

다음 중 어느 하나에 해당하는 사업자

개인사업자	① '소비자상대업종'을 영위하는 사업자로서 직전 과세기간의 수입금액의 합계액이 2,400만 원 이상인 사업자
	② 의사, 약사, 수의사 등 의료보건용역제공 사업자
	③ 의무발행업종사업자(변호사업, 공인회계사업, 세무사업, 변리사업, 건축사업, 법무사업, 심판변론인업, 경영지도사업, 기술지도사업, 감정평가사업, 손해사정인업, 통관업, 기술사업, 측량사업, 공인노무사업 등 전문직사업자)
법인사업자	④ '소비자상대업종'을 영위하는 법인사업자

2) 가입기한

개인사업자	소비자상대업종 개인사업자	수입금액이 2,400만원 이상 되는 해의 다음 연도 3월말까지
	의무발행업종	사업개시일, 업종정정일 등 요건 해당일로부터 60일 이내
법인사업자		개업일이 속하는 달의 말일부터 3개월 이내

3) 미가맹 시 불이익

현금영수증 미가맹 일수 동안 발생한 수입금액에 대한 1%의 가산세가 부과된다.

(2) 발행의무

현금영수증을 의무로 발행해야 하는 업종이 있다. 의무발행기준, 업종을 꼭 확인하고 미발급으로 과태료를 내는 일이 없어야 할 것이다.

1) 의무발행업종

구분	업종
사업서비스업	변호사업, 공인회계사업, 세무사업, 변리사업, 건축사업, 법무사업, 심판변론인업, 경영지도사업, 기술지도사업, 감정평가사업, 손해사정인업, 통관업, 기술사업, 측량사업, 공인노무사업, 행정사업
보건업	종합병원, 일반병원, 치과병원, 한방병원, 요양병원, 일반의원(일반과, 내과, 소아청소년과, 일반외과, 정형외과, 신경과, 정신건강의학과, 피부과, 비뇨기과, 안과, 이비인후과, 산부인과, 방사선과 및 성형외과), 기타 의원(마취통증의학과, 결핵과, 가정의학과, 재활의학과 등 달리 분류되지 아니한 병과), 치과의원, 한의원, 수의업
숙박 및 음식점업	일반유흥 주점업(「식품위생법 시행령」 제21조 제8호 다목에 따른 단란주점영업을 포함), 무도유흥주점업, 일반 및 생활 숙박시설 운영업, 출장음식서비스업, 기숙사 및 고시원 운영업(고시원 운영업에 한정), 숙박공유업
교육서비스업	일반 교습학원, 예술학원, 외국어학원 및 기타 교습학원, 운전학원, 태권도 및 무술교육기관, 기타 스포츠 교육기관, 기타 교육지원서비스업, 청소년 수련시설 운영업(교육목적용으로 한정), 기타 기술 및 직업훈련학원, 컴퓨터학원, 기타 교육기관
그 밖의 업종	가전제품소매업, 골프장 운영업, 골프연습장 운영업, 장례식장 및 장의관련 서비스업, 예식장업, 부동산중개 및 대리업, 부동산투자 자문업, 산후조리원, 시계 및 귀금속 소매업, 피부미용업, 손 · 발톱관리 미용업 등 기타 미용업, 비만관리센터 등 기타 신체관리서비스업, 마사지업(발마사지업 및 스포츠 마사지업으로 한정), 실내건축 및 건축마무리 공사업(도매업만 영위하는 경우는 제외), 인물사진 및 행사용 영상 촬영업, 결혼상담 및 준비서비스업, 의류임대업, 의약품 및 의료용품 소매업, 포장이

	사 운송업, 자동차 부품 및 내장품 판매업, 자동차 종합수리업, 자동차 전문수리업, 전세버스 운송업, 가구 소매업, 전기용품 및 조명장치 소매업, 의료용 기구 소매업, 페인트 · 창호 및 기타 건설자재 소매업, 주방용품 및 가정용 유리 · 요업제품 소매업, 안경 및 렌즈 소매업, 운동 및 경기용품 소매업, 예술품 및 골동품 소매업, 중고자동차 소매업 및 중개업, 악기 소매업, 자전거 및 기타 운송장비 소매업, 체력단련시설 운영업, 묘지분양 및 관리업, 장의차량 운영업, 독서실 운영업, 두발 미용업, 철물 및 난방용구 소매업, 신발 소매업, 애완용 동물 및 관련용품 소매업, 의복 소매업, 컴퓨터 및 주변장치, 소프트웨어 소매업, 통신기기 소매업, 건강보조식품 소매업, 자동차 세차업, 벽지 · 마루덮개 및 장판류 소매업, 공구 소매업, 가방 및 기타 가죽제품 소매업, 중고가구 소매업, 사진기 및 사진용품 소매업, 모터사이클 수리업, 가전제품 수리업, 가정용 직물제품 소매업, 가죽 · 가방 및 신발 수리업, 게임용구 · 인형 및 장난감 소매업, 구두류 제조업, 남자용 겉옷 제조업, 여자용 겉옷 제조업, 모터사이클 및 부품 소매업(부품 판매업으로 한정), 시계 · 귀금속 및 악기 수리업, 운송장비용 주유소 운영업, 의복 및 기타 가정용 직물제품 수리업, 중고 가전제품 및 통신장비 소매업
통신판매업	전자상거래 소매업(제1호부터 5호까지의 규정에 따른 업종에서 사업자가 공급하는 재화 또는 용역을 온라인 통신망을 통하여 소매하는 경우에 한정), 전자상거래 소매 중개업, 기타 통신판매업

2) 의무발행기준

건당 거래금액(부가세 포함) 10만원 이상인 재화나 용역을 공급하고 그 대금을 현금으로 받은 경우 의무적으로 5일 이내에 현금영수증을 발행해야 한다.

건당 10만원 이하인 경우에도 같은 소비자에게 5만원씩 두 번 거래가 발생하여 총 10만원인 경우처럼 10만원 이상의 금액이 나누어져 결제되는 경우에도 전체 금액에 대하여 발행하여야 하므로 주의한다.

3) 미발급 시 불이익

의무발행업종 사업자에게는 현금영수증 미발급금액의 20%가 가산세로 부과된다. 10만원을 현금영수증 미발행했을 때 2만원의 가산세가 부과되는 것으로 연간 1억원을 무지로 인해 현금영수증 발행을 안 했다면 2,000만원의 가산세가 부과되는 것이다.

신고포상금제도를 운영하고 있어 미발급에 대해서 제보를 하는 경우 신고포상금이 지급되므로 제보자에게 제보를 당할 수도 있다. 매우 주의를 요한다.

4) 발행방법

소비자의 주민번호, 전화번호를 입력하여 거래일로부터 5일 이내에 발행하며, 소비자가 원하지 않아 발급을 못하는 경우를 대비해 국세청 지정번호인(010－000－1234)로 발급할 수 있다.

① 단말기(포스기계)에서 발행

② 단말기(포스기계)가 없는 경우

- 인터넷 발급: 국세청 홈택스 > 조회/발급 > 현금영수증 > 홈택스 발급신청
- 전화발급: 국세청 ARS 126 → ① 선택(홈택스 상담) → ① 선택(현금영수증) → ② 선택(상담센터 연결) → ① 선택(한국어) → ④ 선택(가맹점 현금영수증 발급서비스) → (사업자번호 10자리) → (비밀번호) → #(샾, 우물정)→ ① 선택(현금영수증 발급)

(3) 현금영수증 발급 혜택

현금영수증을 발행한 노고에 대해 세액공제의 혜택을 주고 있다. 하지만 모든 업종이 해당되지는 않기 때문에 아래 내용을 참고하길 바란다.

① 부가가치세 신고시 현금영수증 발급금액의 1.3%(음식, 숙박업 간이과세자는 2.6%)를 세액공제받을 수 있다. 연간 공제한도 1,000만원으로 2023년 12월 31일까지 한시 적용하며, 적용 불가대상은 아래와 같다.

- 법인사업자, 개인사업자 중 직전연도 재화나 용역의 공급가액 합계가 사업장별로 10억원 이상인 경우, 제조업 · 도매업 · 부동산매매업 등 세금계산서 의무발급대상자

② 개인사업자가 전화망을 이용하여 5천원 미만 거래금액에 대해 현금영수증을 발행하는 경우 건당 20원의 소득세 세액공제를 받을 수 있다.

- 발급받은 사람은 적격증빙으로써 부가가치세신고 시 현금영수증 발급받은 부가세액에 대해서 매입세액공제를 받을 수 있다.

4. 세금계산서 발행

세금계산서는 부가가치세제도의 핵심이라고 볼 수 있다. 사업 초기 세금계산서에 대해서 꼭 알아야 하는 부분들만 먼저 알아보도록 한다.

세금계산서를 정확히 주고받기

- '필요적 기재사항'이 정확히 기재
  1. 공급자의 사업자등록번호, 성명 또는 명칭
  2. 공급받는 자의 사업자등록번호
  3. 공급가액과 부가가치세액
  4. 작성연월일(발급일 아님)
- 거래 상대방의 상태: 휴업 또는 폐업인지 여부를 확인하고 발급
  면세사업자, 간이과세자, 폐업자(폐업일 이후발급)로부터 세금계산서를 발급받는 경우: 매입세액 불공제 및 각종 가산세 해당이 되므로 홈택스 홈페이지>조회발급>사업자상태에서 조회
- 재화나 용역의 공급일에 발급하되 다음달 10일까지 발급가능
  예 1월 1일~31일까지의 공급분에 대해서 1월 중의 날짜를 '작성연월일'로 하여 2월 10일까지 발급가능

tips!

과세사업자는 겸영사업자이므로 세금계산서, 계산서가 모두 발급가능하다. 따라서 과세거래는 세금계산서, 면세거래는 계산서를 발급한다. 면세사업자는 계산서만 발행이 가능하다.

(1) 매출세금계산서 발행하기

세금계산서를 제대로 발급하지 못하면 가산세 등 불이익이 있기 때문에 알맞게 발행해야 한다. 처음 사업을 시작해서 거래 상대방이 세금계산서 발급을 원하는 경우, 세금계산서를 어떻게 발행하는지 어려울 수도 있다.

1) 발행방법

아래 방법 중에 편한 방법으로 발급하면 된다. 전자세금계산서 발급의무자는 종이세금계산서는 발급할 수 없다.

① 종이세금계산서 발급

인터넷에서 종이세금계산서 서식을 다운받거나, 문구점 등에서 서식을 구입하여 수기로 작성하거나 컴퓨터로 작성해서 인쇄 후 공급하는 사장님 1부, 공급받는 사장님 1부씩 나누어 갖고 부가세신고 시 신고서에 반영하고 제출하면 된다.

② 전자세금계산서 발급

홈택스에서 발급이 가능하며, 이때 '세금계산서 발급용' 공인인증서를 발급받거나, 세무서에서 세금계산서 발급용 보안카드를 발급받아 전자로 세금계산서 발급이 가능하다.

▶ **전자세금계산서 의무발급대상자**

전자세금계산서 의무발급대상자	의무발급기간
모든 법인사업자	사업개시일부터
개인사업자 중 직전연도 사업장별 공급가액(면세 포함) 1억원 이상 사업자*	1억원 이상인 해의 다음해 7월 1일부터 그 다음해 6월 30일까지

* 2023년 7월 1일부터 대상자이며, 2022년 7월 1일부터 2023년 6월 30일까지는 2억원 이상 사업자

2) 매출세금계산서 관련 가산세

미발급	공급가액의 2%
전자의무자가 종이로 발급	공급가액의 1%
지연발급	공급가액의 1%
미전송	공급가액의 0.5%
지연전송	공급가액의 0.3%

3) 세금계산서를 발행하지 못하는 경우

① 거래 상대방이 세금계산서 발급을 요구해도 세금계산서 발급의무가 면제되므로 영수증 등으로만 발행가능

① 택시운송, 통행료, 노점 등의 사업자	• 택시운송사업자 • 노점 또는 행상을 하는 자 • 전력 또는 도시가스를 소비하는 자로서 사업자가 아닌 경우 • 도로 및 관련시설 운영용역을 운영하는 자(유료도로, 고속도로 통행료 등)
② 소매업, 목욕, 이발, 미용업	• 소매업, 그 외의 경우에는 공급받는 자가 영수증을 요구하면 영수증 발급
③ 재화의 간주공급	• 실제공급이 아닌 자가공급, 개인적인 공급, 사업상 증여, 폐업 시 잔존재화 • 직매장공급 등 내부거래분으로 총괄납부 승인, 사업자단위 신고 · 납부 승인을 받는 경우
④ 영세율이 적용되는 재화 · 용역	• 수출하는 재화(국내거래 제외)* • 국외제공용역으로 국내사업장이 없는 비거주자 또는 외국법인에게 공급하는 경우 • 선박 또는 항공기의 외국항행용역 • 기타 외화획득사업으로 국내사업장이 없는 외국법인, 외국정부기관 등 영세율 적용이 되는 경우
⑤ 국내사업장이 없는 비거주자, 외국법인에게 공급하는 재화 · 용역	• 공급받는 자가 국내사업장이 없는 비거주자 또는 외국법인
⑥ 임대용역 중 간주임대료	• 약정에 의해 임차인이 부담하는 간주임대료 애초에 임대인과세표준 간주임대료는 대상이 아님
⑦ 공인인증서 발급 용역	• 공인인증서 발급용역
⑧ 신용카드 매출전표 등이 발급된 경우	• 일반사업자가 이미 공급에 대해서 신용카드매출전표, 현금영수증을 발급한 경우

* 수출하는 재화 중 내국신용장, 구매승인서에 의하여 공급하는 경우는 국내거래이므로 무조건 발급해야 한다.

② 거래 상대방이 세금계산서 발급을 요구하면 세금계산서 발급의무가 있으므로 발급가능

- 도로 및 관련시설 운영용역을 운영하는 사업자(유료도로, 고속도로 통행료 등)
- 소매업
- 공급받는 자가 국내에 사업장이 없는 비거주자 또는 외국법인

(2) 매입세금계산서 발급

부가가치세 계산 시 매입세금계산서는 매입세액을 공제받기 위해 잘 받아두어야 한다. 매출세금계산서 발급은 과세사업자 및 과 · 면세 겸영 사업자만이 할 수 있지만 매입에 대하여 발급을 받는 경우에는 면세사업자 또는 간이과세자여도 발급받아야 한다.

과세사업자와 부가가치세 과세대상 거래를 하고 세금계산서를 발급받기 위해서는 거래 상대방(매출하는 사업자)에게 사업자등록증, 이메일 주소(전자발급 시)를 알려주어야 하며, 공급가액 외 별도의 부가가치세 10%를 부담해야 한다.

부담한 매입세액은 부가가치세신고 시 매입세액공제가 되어 반영(낼 세금에서 공제)되며, 매입세액이 매출세액보다 클 경우 일반과세자는 환급받을 수 있다.

1) 매입세금계산서 관련 가산세

구분	사유	가산세율 (공급가액기준)
세금계산서	세금계산서 가공(위장) 수취	3(2)%
	공급가액 과다기재 발급분 수취	2%
	사업자가 아닌 자가 재화 · 용역을 공급받지 않고 수취한 경우	3%
	세금계산서를 공급시기 이후 동일 과세기간의 확정신고기한 이내에 발급받은 경우(지연수취)	0.5%
	공급시기가 속하는 과세기간에 대한 확정신고기한 경과 후 6개월 이내 발급받은 세금계산서로 수정신고서 경정청구서 함께 제출하는 경우 포함	
매입처별 세금계산서 합계표	매입처별 세금계산서 합계표 미제출 또는 기재사항 부실기재한 경우로서 경정기관의 확인을 거쳐 경정 시 매입세액공제받을 경우(수정신고, 경정청구, 기한 후 신고 시 제출확인분은 가산세 제외)	0.5%
	매입처별 세금계산서 합계표의 공급가액이 과다하게 기재된 경우	0.5%

2) 매입자발행 세금계산서

세금계산서는 원래 당연히 공급하는 자, 즉 '매출자'가 발급해야 하지만 매출자가 발급을 거부해서 발급받지 못하면 억울함을 덜어주고자 매입자가 세금계산서를 발행할 수 있도록 제도를 만들어 놓았다.

이에 따라 매입자가 일정한 사유에 관할세무서의 확인에 의해서 세금계산서를 발행하고 매입세액공제를 받을 수 있는 제도가 있다.

① 대상거래

- 매출자가 세금계산서 발행의무가 있는 사업자이지만 발급을 하지 않는 경우로 건당 10만원 이상 거래의 경우
- 매출자의 부도, 폐업 등으로 매출자가 수정세금계산서 발행이 어려운 경우

② 발급방법

- 공급시기로부터 6개월 이내에 입증서류를 첨부하여 세무서의 확인을 받는다.
- 세무서에서 확인받은 거래일자를 작성일자로 하여 발행한다.

3) 거짓세금계산서(위장 · 가공세금계산서)

위장 · 가공세금계산서는 재화, 용역의 실물거래 없는 세금계산서 및 필요적 기재사항이 잘못 기재된 세금계산서를 말한다.

부가가치세를 무리하게 줄이거나 종합소득세를 탈세하기 위한 방법으로 또는 매출액을 과대하게 부풀리기 등등, 허위 세금계산서의 유혹을 받는 경우가 있다. 아래와 같은 불이익이 있으니 절대 유혹에 넘어가지 않도록 한다.

구분	불이익
위장 · 가공세금계산서를 발급받은 경우	매입세액공제 + 공급가액의 3% 가산세
위장 · 가공세금계산서를 발급한 경우	공급가액 3% 가산세 + 징역형 또는 벌금형

V 인건비의 모든 것

사업자등록을 마치고 운영을 시작하려는 K는 혼자서 모든 일을 할 수는 없고 사람을 써야 할 것 같다. 직원을 뽑아야 할까, 아르바이트를 뽑아야 할까? 근로계약서는 어떻게 써야 할까, 인건비를 지급하고 신고를 해야 경비인정이 된다는데 세무사에게 맡겨야 할까. 사람 한 명을 고용하면서 여러 가지 생각해야 할 것들이 많은데 무엇부터 해야 할지 고민이 많다.

사업을 수행하려면 직원이나 아르바이트와 같은 인력이 필요한 경우, 인건비는 근무형태, 근로시간, 예상되는 근속기간에 따라 근로자, 일용직, 프리랜서 등 분류가 다르며 신고방법 또한 다르다. 사업장의 인건비를 어떻게 구성하여 지급하고 신고하는 것이 현명할지 알아보자.

1. 인건비의 종류(4대보험 근로자, 일용직, 사업소득, 기타소득)

사업을 대표자 혼자서 할 수 있는 경우도 물론 있겠지만 일정규모 이상이 되거나 형태에 따라서 추가적인 인력이 필요한 경우가 많다. 인력을 이용하고 인건비 지급에 대한 인건비신고를 하게 되는데, 4대보험 대상 근로자, 일용직 근로자, 사업소득자, 기타소득자로 구분할 수 있다.

(1) 4대보험 근로자

4대보험 근로자는 회사와 고용계약을 맺고 귀속되어 근로계약을 맺는 형태라고 볼 수 있다. 우리가 흔히 가장 먼저 떠올리는 '월급을 받는 근로자'는 보통 월급여를 지급받을 때마다 4대보험 대상으로서 각 보험을 납부하는 근로자(이하 '4대보험 근로자')를 일컫는다.

기본급이 일정하고 회사에 귀속되어 매일, 매달 장기간 계속해서 근로하는 인력으로서 회사는 필요하다면 4대보험 근로자를 고용하는 형태가 가장 일반적이다.

1) 신고의무 등

- **취득신고**: 이와 같은 근로자를 채용하게 되면 공단에 '취득신고'를 한다. 취득신고를 통해 입사일, 월급여를 신고하여 월마다 지급하는 급여에 대해 고지되는 4대보험료를 매달 납부한다.
- **원천세신고**: 월급여에 대한 근로소득세를 원천징수*하여 납부하게 된다.

* 원천징수란 인건비 등을 지급할 때 근로자 등의 세금을 월급에서 공제하

고 지급을 한 후, 공제한 금액(소득세 및 지방세)을 사업주가 인건비신고를 하고 납부를 하게 된다.

- **연말정산:** 4대보험 근로자에게 지급하는 급여는 「소득세법」상 '근로소득' 이며 이에 대해 연말정산을 다음해 3월 10일까지 하게 된다.
- **간이지급명세서 제출:** 반기(6개월 단위)마다 지급한 내용을 신고해야 한다.

tips!

- 일반적인 근로자를 고용하는 경우 4대보험료가 부담이 될 수 있다. 두루누리 지원금, 일자리안정자금 등 4대보험 지원제도를 이용할 수 있다.
- 연평균 고용인원이 증가하는 경우 통합고용세액공제 세제혜택(2023년 이전 사회보험료, 고용증대세액공제 등)을 받을 수 있다.

(2) 일용직 근로자

일용직 근로자는 우리가 흔히 생각하는 '아르바이트'를 떠올리게 된다. 실제로 우리가 흔히 알고 있는 아르바이트는 고용형태, 월 근무시간, 월 근무일수, 고용기간에 따라 4대보험 근로자, 일용직, 프리랜서 방식이 모두 혼재해 있다고 볼 수 있다.

따라서 사업장에서 고용하고 있는 아르바이트생이 실제로 일용직 근로자로 신고할 수 있는지 반드시 살펴보고 신고해야 한다.

1) 일용직이란?

- 소득세법상 일용직 근로자
- 4대보험공단에서의 일용직 분류

2) 4대보험공단에서의 일용직 분류

- **일반 일용근로자***: 1개월 미만, 월 8일 또는 월 60시간 미만
- **건설 일용근로자**: 1개월 미만, 월 8일 미만

* 일반 일용근로자 중에 1개월 이상, 월 8일 또는 60시간 이상이 되는 경우 국민연금, 건강보험 가입대상이다. 따라서 세법상 일용직 근로자에 해당하여 신고를 하더라도 공단기준에서 사업장 가입대상이 되면 기존 일용직의 고용, 산재 보험료 외에도 국민연금, 건강보험이 부과되어 일반근로자와 같이 4대보험을 모두 납부하게 된다.

3) 신고의무

- 일용직 근로자는 고용보험, 산재보험 가입의무가 있다.
  국민연금공단 등의 기준에서 일용직이 아니라면 다른 보험료의 의무가 생길 수 있으니 주의해야 한다.
- **근로내용 확인신고**: 매월 근로복지공단에 근무날짜, 지급금액을 신고한다.
- **원천세신고**: 일용근로소득에 대해서 신고하고 납부할 세액이 있는 경우 납부해야 한다. 다만, 일당을 매일 지급하는 경우 하루 소득에서 15만원까지는 공제가 되어 납부세액이 없다.
- **일용직 근로자의 세금신고**: 일용직 근로자는 일당에 대한 세금이 있을 경우 사업주가 원천징수, 납부하였다면 연말정산 등의 별도 정산 절차 없이 세금의무가 종료된다.

tips!

아르바이트생을 무조건 일용직이라고 생각하면 안 되며, 국민연금공단, 건강보험공단 등의 상용직 근로자기준에 해당하면 국민연금이 추후에 부과될 수 있고 퇴직금의 문제도 생길 수 있다. 따라서 아르바이트생의 고용형태가 공단의 일용직에 부합하지 않고 상용직 근로자에 해당한다면 근로계약을 맺고 4대보험에 가입하여 두루누리, 일자리안정자금 등의 지원과 고용증대 관련한 세액공제 등의 세금혜택을 받는 것이 더 현명한 방법이 될 수 있다.

- **일용직 지급명세서**: 분기(3개월 단위)마다 지급한 내용을 신고해야 한다.
- **간이지급명세서**: 반기(6개월 단위)마다 지급한 내용을 신고해야 한다.

(3) 사업소득자

사업소득자는 흔히 말하는 프리랜서가 이 형태에 해당한다고 볼 수 있다. 세법상 고용관계 없이 독립된 자격으로 계속적으로 용역을 공급하고 일의 성과에 따라 지급하는 수당 등을 사업소득으로 하여 지급할 수 있다.

쉽게 생각하면 월급을 매월 주는 경우가 아니라 영업직 등으로 수익의 일부를 나누어 갖는 계약을 하거나, 성과에 따라 수당을 지급하는 경우, 회사에 종속되지 않고 일정 프로젝트에 대한 용역을 제공하는 경우 등이 해당될 수 있다.

1) 신고의무 등

- 회사에 종속되는 것이 아니므로 사업주는 4대보험 가입의무가 없다. 프리랜서도 사업소득자로서의 본인의 상황에 따라 지역가입자 등 별도로 보험료를 가입하고 납부한다.
- **원천세신고:** 소득을 지급하는 자가 지급금액의 3.3%를 공제 후 지급하고 원천세액인 3.3%의 세액을 신고 · 납부한다.
- **간이지급명세서:** 매월 간이지급명세서를 제출해야 한다.
- **프리랜서의 종합소득세신고:** 사업소득자로서 5월에 종합소득세신고 의무가 있고, 수입금액에 따라 신고유형과 의무가 다르다.

tips!

- 종속적인 고용관계 없이 독립된 자격을 가지고 있는 사람에게 계속적으로 용역을 제공받는다면 프리랜서(사업소득자)로 비용을 지급하는 것이 사업주의 입장에서는 4대보험 부담이 없어 간편할 수 있다.
  만약, 근로자의 4대보험료를 줄이기 위해서 편의상 사업소득자로 신고하였으나 추후 근로소득으로 인정되는 경우 4대보험료의 추징, 퇴직금 문제 등이 있을 수 있으니 사업장에서의 인력운용방식이 프리랜서에 부합하는지 잘 따져 본 후 적용하여야 불이익 등을 방지할 수 있다.
- 사업소득자(프리랜서)는 본인의 상황에 따라 국민연금, 건강보험료 가입 및 납부를 해야 하며, 소득세 등 신고의무도 있다.

(4) 기타소득

기타소득 역시 사업소득자처럼 고용관계가 없고, 인적용역으로서 기타소득이 사업소득과 다른 점은 계속적이지 않고 '일시적', '우발적'일 때 해당한다. 다음과 같은 예를 들 수 있다.

- 고용관계 없이 일시적인 강의 · 강연 등에 대해서 지급하는 용역
- 심사 등을 부탁하고 심사위원에게 지급하는 경우
- 전문지식에 대한 대가를 지급하는 경우(일시적인 경우)
- 그밖에 고용관계 없이 수당 등을 지급하는 경우로 일시적인 경우

2. 인건비가 있는 경우 고려해야 할 것

(1) 계약서 작성

- 인적용역의 형태를 결정하였다면 그에 적합한 계약서를 꼭 작성하도록 한다.
- 4대보험 근로자뿐 아니라 일용직도 근로계약서가 필수다.
- 사업소득자 등의 용역계약을 맺을 때도 근거 있게 지급하기 위해서 참여 프로젝트 등을 명시하여 계약서를 작성하는 것이 좋다.

근로계약서

근로계약서에는 임금, 근로시간, 휴일, 연차, 유급휴가 등의 내용을 명시해야 하며, 고용노동부에서 배포하는 표준근로계약서를 참고하여 작성하는 것이 좋다. 사용자, 근로자가 각각 1통씩 보관해야 하며 3년간 보관의무가 있고 이를 준수하지 않는 경우 과태료가 부과된다.
각종 지원금 등에서는 최저임금 준수 여부 등을 중요하게 다루고 있다. 휴게시간, 주휴수당이나 그 밖의 추가적인 급여에 대해서 명확히 써두는 것을 추천한다.

수당개념이나 용역의 범위를 명시하고 고용관계가 아닌 독립적인 지위에서 용역을 제공하는 것을 분명히 해두는 것이 이후 4대보험 근로자와 혼동되어 퇴직금 문제, 주휴수당 문제가 발생하는 것을 방지할 수 있다.

주휴수당

주15시간 이상 근무하는 근로자가 1주일 동안 출근한 경우 주 1회 이상의 휴일을 부여하여야 하며 이때 유급으로 지급하는 수당이 주휴수당이다. 월급을 받는 사람도 주휴수당이 본래 있으나 월급에 주휴수당이 포함되는 경우도 있으므로 근로계약서 확인이 필요하다.

- 주휴수당 계산방법: 만약 1주일에 20시간 일하는 사람이 개근하였다면 다음과 같이 계산할 수 있다.
  주휴수당=(20시간/40시간)×8시간×시급

(2) 임금명세서 교부

4대보험 근로자가 있는 경우 급여지급 시 반드시 임금명세서를 교부하여야 하며 3년간 보관해야 한다. 교부라는 것은 직접 서면으로 또는 전자문서(이메일, 메신저 등)로 전달할 수 있다. 미교부 시 과태료가 부과된다.

임금명세서는 우리가 흔히 아는 급여대장, 급여명세서와는 다르다. 필수항목은 근로자의 인적사항, 임금지급일, 임금총액, 임금의 구성항목별 금액과 계산방법으로 지급받는 기본급여와 상여금, 퇴직금, 제수당 및 소득세, 주민세, 4대보험 공제금액 등을 기재하며 휴일, 야간수당 등 제수당의 항목별 계산내역을 확인할 수 있도록 기입하는 것이 중요하다.

▶ 근로계약서, 임금명세서 표준양식 예시

표준근로계약서(기간의 정함이 없는 경우)

__________(이하 "사업주"라 함)과(와) __________(이하 "근로자"라 함)은 다음과 같이 근로계약을 체결한다.

1. 근로개시일: 년 월 일부터
2. 근무장소:
3. 업무의 내용:
4. 소정근로시간: ___시 ___분부터 ___시 ___분까지(휴게시간: 시 분~ 시 분)
5. 근무일/휴일: 매주 ___일(또는 매일단위) 근무, 주휴일 매주 ___요일
6. 임금
   - 월(일, 시간)급: ______________원
   - 상여금: 있음 ( ) ___________원, 없음 ( )
   - 기타급여(제수당 등): 있음 ( ), 없음 ( )
     - _____________원, ________________원
     - _____________원, ________________원
   - 임금지급일: 매월(매주 또는 매일) ____일(휴일의 경우는 전일 지급)
   - 지급방법: 근로자에게 직접지급( ), 근로자 명의 예금통장에 입금( )
7. 연차유급휴가
   - 연차유급휴가는 근로기준법에서 정하는 바에 따라 부여함
8. 사회보험 적용 여부(해당란에 체크)
   □ 고용보험 □ 산재보험 □ 국민연금 □ 건강보험
9. 근로계약서 교부
   - 사업주는 근로계약을 체결함과 동시에 본 계약서를 사본하여 근로자의 교부요구와 관계없이 근로자에게 교부함(근로기준법 제17조 이행)
10. 근로계약, 취업규칙 등의 성실한 이행의무
    - 사업주와 근로자는 각자가 근로계약, 취업규칙, 단체협약을 지키고 성실하게 이행하여야 함
11. 기타
    - 이 계약에 정함이 없는 사항은 근로기준법령에 의함

년 월 일

(사업주) 사업체명: (전화:)
주 소:
대 표 자: (서명)
(근로자) 주 소:
연 락 처:
성 명: (서명)

<table>
<tr><td colspan="5">임금명세서
지급일: 2023-08-25</td></tr>
<tr><td>성명</td><td colspan="2">홍길동</td><td>사번</td><td>073542</td></tr>
<tr><td>부서</td><td colspan="2">개발지원팀</td><td>직급</td><td>팀장</td></tr>
<tr><td colspan="5">세부 내역</td></tr>
<tr><td colspan="3">지급 ①</td><td colspan="2">공제 ②</td></tr>
<tr><td colspan="2">임금항목</td><td>지급금액(원)</td><td>공제항목</td><td>공제금액(원)</td></tr>
<tr><td rowspan="6">매월 지급</td><td>기본급</td><td>3,200,000</td><td>소득세</td><td>115,530</td></tr>
<tr><td>연장근로수당</td><td>379,728</td><td>국민연금</td><td>177,570</td></tr>
<tr><td>야간근로수당</td><td>15,822</td><td>고용보험</td><td>31,570</td></tr>
<tr><td>휴일근로수당</td><td>94,932</td><td>건강보험</td><td>135,350</td></tr>
<tr><td>가족수당</td><td>150,000</td><td>장기요양보험</td><td>15,590</td></tr>
<tr><td>식대</td><td>100,000</td><td>노동조합비</td><td>15,000</td></tr>
<tr><td rowspan="3">격월 또는 부정기 지급</td><td></td><td></td><td></td><td></td></tr>
<tr><td></td><td></td><td></td><td></td></tr>
<tr><td></td><td></td><td></td><td></td></tr>
<tr><td colspan="2">지급액 계</td><td>3,940,482</td><td>공제액 계</td><td>490,610</td></tr>
<tr><td colspan="3"></td><td>실수령액(원)</td><td>3,472,161</td></tr>
</table>

계산방법 ③		
구분	산출식 또는 산출방법	지급액(원)
연장근로수당	연장근로시간 수 ④(16시간)×15,822원×1.5	379,728
야간근로수당	야간근로시간 수 ⑤(2시간)×15,822원×0.5	15,822
휴일근로수당	휴일근로시간 수 ⑥(4시간)×15,822원×1.5	94,932
가족수당	100,000원x1명(배우자)+50,000원x1명(자녀 1명)	150,000

3. 4대보험료와 세금

(1) 4대보험 요율

구분	근로자 부담분	사업주 부담분
국민연금	4.5%	4.5%
건강보험	3.545%	3.545%
장기요양	건강보험의 12.81%	건강보험의 12.81%
고용보험	0.9%	1.15% (150인 미만)
산재보험	없음	업종별 상이(0.7%~)

(2) 사업형태별 4대보험 가입의무

개인사업주이면서 직원이 없는 경우는 '지역가입자'의 재산, 소득 등으로 종합적으로 평가되어 공단에서 보험료를 부과한다. 고용, 산재보험료는 당연히 납부대상이 되지 않는다.

근로자를 고용하게 되면 일단 근로자의 4대보험을 가입하여 급여액기준으로 요율에 따라 보험료를 납부하게 되고 사업주도 '사업장 가입자'가 되어 최소 직원급여만큼의 국민연금, 건강보험료를 납부한 후 사업장의 소득이 확정되면 다시 정산을 하는 구조이다. 만약 사업장이 손실이거나 사업장의 소득금액이 직원의 급여액보다 낮아도 보험료를 직원급여기준만큼은 내야 한다.

법인의 대표이사는 근로자로서 보통의 근로자와 같이 4대보험을 가입하고 납부하게 된다.

(3) 납부한 4대보험료의 비용처리

개인사업주의 국민연금은 소득세신고 시 소득공제형태로 공제가 되며, 지역건강보험료를 비롯한 그 밖의 보험료는 모두 사업장의 '비용'으로 인정받을 수 있다.

법인의 경우에도 대표이사의 급여뿐 아니라 회사부담분 4대보험료까지 모두 법인 사업장의 '비용'으로 인정받는다.

4. 외국인근로자, 해외지급액의 원천세신고

(1) 외국인근로자의 국내고용

외국인근로자를 국내에서 고용하는 경우 외국인의 비자가 국내에서 취업이 가능해야 하기 때문에 고용하는 자는 고용 전에 비자를 확인해야 한다. 국적과 비자에 따라 4대보험 적용 여부가 다르다.

① 국민연금

18세 이상 60세 미만의 외국인근로자는 국민연금 가입의무가 있으며 아래와 같이 국적, 체류자격에 따라 조약(협약)에서 배제하는 경우가 있다.

국민연금 가입 제외 국가	그루지아(현, 조지아), 나이지리아, 남아프리카공화국, 네팔, 동티모르민주공화국, 말레이시아, 몰디브, 미얀마, 방글라데시, 베트남, 브루나이, 사우디아라비아, 싱가포르, 스와질란드, 아르메니아, 에티오피아, 이란, 이집트, 캄보디아, 통가, 파키스탄, 피지
국민연금 가입 제외되는 체류자격	문화예술(D-1), 유학(D-2), 일반연수(D-4), 종교(D-6), 방문동거(F-1), 동반(F-3), 기타(G-1)

② 건강보험

당연적용하며 가입제외 신청이 가능한 경우가 있다.

③ 고용보험

비자의 체류자격별로 적용된다.

고용보험 적용 여부	체류자격
임의가입: 선택가능	비전문취업(E-9), 재외동포(F-4), 방문취업(H-2)
강제가입: 무조건 가입해야 함	거주(F-2), 영주(F-5)
적용 제외: 취업 자체가 안 될 수 있음	방문동거(F-1), 동반(F-3), 관광취업(H-1)

④ 산재보험

모든 외국인근로자가 가입해야 한다.

(2) 해외지급액에 대한 원천세신고

국내사업장에서 해외로 파견된 근로자의 경우 국내에 부양가족 등이 있어 다시 재입국할 것으로 인정되는 경우에는 국내근로소득으로 연말정산 등 동일하게 적용한다.

국내사업장 없이 국외에서만 일반적인 인적용역을 수행하는 비거주자의 경우 국내원천소득이라 볼 수 없어 과세하지 않으므로 원천징수의무도 없고 국외에서 법에 따라 납세의무가 있다.

(3) 해외 체류한 비거주자 외국인에게 지급하는 경우

조세조약 적용으로 각국마다 조세조약이 달라 조세조약상의 분류와 세율에 따라 원천징수하여 지급하여야 한다.

첨부서류 제출은 조세조약상의 제한세율을 적용하는 경우에는 국내원천소득 제한세율 적용신청서를 작성하여 제출하여야 한다.

또한 해외에서 필요한 용역 등을 제공받고 관련 용역비를 해외로 지급하는 경우 원천징수의무는 없지만, 용역 제공 등에 대한 계약서 및 용역 제공자의 신분증 등의 서류를 구비하여 추후 소명에 대비하여야 할 것이다.

2장

절세

사업을 시작하고 어떤 세금을 내는지 정신없이 생활하다 보면 사업자는 자신이 제대로 세금신고를 하고 있는지, 절세를 좀더 할 방법은 없는지 생각하게 된다.

"같은 규모, 같은 업종이라면 비슷한 세금을 내는 것일까?"

사업자들이 가장 많이 하는 이야기 중 하나는 주변에 비슷한 규모의 사업을 하는데 자신보다 적게 세금을 내는 것 같다는 것이다. 억울하게 내는 세금이 없는지 제대로 된 세금신고에서부터 시작하여 공제, 감면, 적절한 사업유형을 선택하여 자신의 사업에 적절한 절세방법을 찾아보자.

I 각 세금별 절세 포인트

부가가치세와 소득세, 법인세는 사업장을 운영하는 데 있어서 필수적인 세금이다. 이 세금들이 어떠한 세금인지 알아보고 세금을 관리하는 데 있어서 필수적인 것들을 알아보자.

1. 부가가치세: 부가가치세는 '관리'하는 것이다

부가가치세는 개인 · 법인 사업장의 소득(매출－비용)이 없다고 해도 매출이 있으면 내야 하는 경우가 있는데 왜 그럴까? 그건 바로 비용의 종류에 따라 「부가가치세법(이하, 부가세법)」상 '공제' 여부가 다르기 때문이다. 예를 들어, 인건비, 업무추진비, 차량비용(매입세액공제되지 않는 경우)은 사업상 비용이지만 부가가치세공제를 받을 수 없는 비용이다.

부가가치세는 매출세액에서 얼마의 매입세액을 공제받느냐에 따라서 납부세액이 달라진다. 부가가치세 절세라고 하는 것은 관리를 하는 것으로 누락된 경비를 확인하고 얼마나 매입세액공제를 받을 수 있는지 관리하는 것이 중요하다.

(1) 적격증빙을 챙기자

부가가치세는 납부할 매출세액에서 매입세액을 공제하여 납부세액이 결정된다. 똑같은 금액을 결제하여도 적격증빙은 세법상 매입세액공제를 인정해 주는 증빙으로 공급가액과 부가가치세가 별도로 표시되어 있다. 할인을 통해 현금거래를 유도하는데, 대부분이 부가가치세만큼 할인을 해주는 것이다. 거래대가를 부가가치세만큼 더 지급하고 세금계산서 등을 받는 것이 과세사업자인 일반과세자의 경우에는 유리하다. 매입세액공제가 가능하고 장부상 누락될 염려가 적기 때문에 가급적 무증빙 현금거래보다는 부가가치세를 더 내더라도 적격증빙을 받는 것이 좋다.

또한 발급시기에 제대로 발급받지 않는 경우 가산세가 발생되어 불이익이 있으므로 매입시기에 적격증빙을 발급받도록 하자.

적격증빙의 종류

① 세금계산서, 계산서
② 신용카드매출전표
③ 현금영수증

tips!

사업자가 매입 시 1,100원의 세금계산서(카드영수증 및 현금영수증)를 받았다면 납부세액에서 100원이 감소한다. 1,000원은 소득세 경비인 매입비용이 된다.

(2) 매월 고정비 확인: 사업자로 영수증 발행이 되는지 확인하자

사업을 하다 보면 매월 발생하는 임차료, 통신비, 전기세, 가스비, 기타 등등의 비용들이 발생하므로 해당 비용들이 사업자로 영수증(세금계산서 등)으로 발행되고 있는지를 확인해서 매입세액공제를 챙겨야 한다. 최근에는 매입세금계산서 발급을 받지 않고 사업용이 아닌 카드로 자동이체하는 경우 카드매입을 꼼꼼하게 체크하지 않아 부가가치세신고 시 누락되는 경우가 많다. 사업용 신용카드로 자동이체를 하는 것도 매입 누락을 줄이는 방법이다.

(3) 의제매입세액공제: 면세매입도 매입세액공제받을 수 있다!

면세물품을 구입하고 계산서를 발급받는 경우 부가가치세를 별도로 내지 않아 부가가치세공제가 가능한지 알지 못하는 경우가 많다. 과세사업자는 면세대상 원재료 매입, 가공하여 과세매출이 있는 경우 의제매입세액공제를 받을 수 있다.

증빙으로는 적격증빙(계산서, 신용카드, 현금영수증) 모두 가능하다. 농업, 축산업, 수산업, 임산물 등의 원재료를 면세사업자에게 매입하여 이를 제조 또는 가공한 재화 등으로 과세사업에 사용한다면, 면세농산물 등의 가액 × 공제율의 계산으로 매입세액공제를 받을 수 있다.

1) 공제대상

면세농산물 등 원재료를 제조 · 가공된 재화, 창출한 용역이 과세사업인 경우에 해당된다.

2) 공제율

음식점업	과세유흥장소의 경영자: 102분의 2
	개인사업자: 108분의 8(과표 2억원 이하 개인 109분의 9)
	법인사업자: 106분의 6
제조업	과자점업, 도정업, 제분업 및 떡류 제조업 중 떡방앗간을 경영하는 개인사업자: 106분의 6
	중소기업 및 개인사업자: 104분의 4
	이외의 사업자: 102분의 2
이외 일반사업: 102분의2	

(4) 차량관련 비용을 챙기자

차량관련 비용도 다음과 같은 차량은 구입, 임차비용, 유류, 수리비 등 차량관련 비용의 매입세액공제가 가능하다. 특히 렌탈의 경우 세금계산서를 발급받기 때문에 아래와 같은 차량은 공제가 가능하며 리스의 경우 계산서가 발급되어 소득세 계산 시 경비처리는 가능하지만 부가가치세 매입세액공제는 받지 못한다.

매입세액공제 가능 차량

배기량 1,000cc 이하의 경차, 9인승 이상 차량, 화물용도 차량, 125cc 이하 2륜차, 전기차의 경우 길이 3.6m, 폭 1.6m 이하

* 외제차 여부는 상관이 없다.

(5) 사업과 관련된 직원의 지출비용을 챙기자

직원이 사업과 관련하여 비품, 식대 등의 소비에 대해 직원카드로 사용하고 회사에 청구하는 경우 직원의 카드영수증으로도 매입세액공제가 가능하다. 다만, 업무추진비(접대비)인 경우에는 부가세 공제대상이 될 수 없다. 또한 직원의 카드사용분을 부가세신고 시 공제받는 경우 직원의 연말정산 시 카드사용액에서 제외하여야 한다.

(6) 대손세액공제

매출세금계산서는 발급했지만 돈을 못 받는 경우가 있다. 이 경우 받지 못한 부가가치세를 납부하고 돌려받지 못하는 경우가 많다. 거래처 상대방의 파산, 강제집행 등 「부가가치세법」상 대손요건을 충족하면 대손이 확정되는 신고기간에 「부가세법」상 대손세액공제를 받을 수 있으므로 대손요건을 충족하는지 알아두는 것이 필요하다. 대손사유는 아래와 같다.

대손사유

채무자의 파산, 강제집행, 사망, 실종 등으로 인한 회수할 수 없는 채권, 부도발생일로부터 6개월 이상 경과한 수표 또는 어음상의 채권 및 외상매출금, 중소기업의 외상매출금 및 미수금으로 회수기일이 2년 이상 지난 외상매출금(특수관계자 거래는 제외), 회수기일을 6개월 이상 지난 채권 중 채무자별 채권가액의 합계액이 30만원 이하에 해당하는 경우, 상법 및 어음법 등 소멸시효가 완성된 채권 등, 회생계획인가 결정 또는 법원의 면책 결정에 따라 회수 불능으로 확정된 채권 등

(7) 사업자등록 전 매입세액공제

사업자를 등록하기 전에 사업과 관련해서 비용이 발생했다면 매입세액공제를 받을 수 있다. 공급시기가 속하는 과세기간이 끝난 후 20일 이내 사업자등록을 신청한 경우에는 공급시기가 속하는 과세기간 기산일까지 역산한 기간을 매출세액에서 공제하는 규정이다.

예를 들어, 1월부터 6월까지 사업관련 비용을 매입세액공제받고 싶다면 7월 20일까지는 사업자등록을 해야 하며, 7월부터 12월까지 사업관련 비용을 매입세액공제받고 싶다면 다음해 1월 20일까지는 사업자등록을 해야 한다.

사업관련 비용임을 소명할 수 있도록 적격증빙 등을 구비해야 한다. 세금계산서는 본인 주민번호로 발급받아야 하며, 현금영수증은 본인 주민번호 또는 핸드폰번호로 발급받고 신용카드는 본인명의 카드로 결제해야 한다.

2. 종합소득세 필수사항

아는 만큼 챙기고 절세할 수 있는 종합소득세의 관리를 위해 미리 준비할 사항을 알아보고 개인에게만 적용되는 소득공제, 세액공제를 먼저 살펴보자(법인, 개인 공통으로 적용되는 세액공제 · 감면은 2장의 Ⅱ절 절세전문가: 세액공제 · 감면에 자세하게 담겨 있음).

(1) 소득공제 활용

1) 인적공제

본인공제 150만원은 1거주자에 해당하는 단체(법인으로 보지 않는 동창회, 교회, 상가관리단, 종중 등) 외에 무조건 적용이 가능하다. 부양가족에 대하여 다른 가족이 이미 소득공제하는 경우 중복으로 공제가 되지 않고 소득요건, 나이요건 등에 따른 적용가능 여부를 확인하여 신고 시에 공제한다. 추가공제는 기본공제대상자 중에 해당하는 경우 추가공제 사유에 동시에 해당하는 경우 중복하여 공제가 가능하다. 신고할 때 알아보고 챙기는 만큼 인적공제를 받을 수 있으므로 부양가족과 추가공제가 가능한 사항에 대해 꼼꼼하게 확인해야 한다.

구분	소득공제	공제금액	적용사항
기본공제	본인공제	150만원	
	배우자공제	150만원	소득금액 100만원 이하
	부양가족공제	150만원	소득금액 100만원 이하, 20세 이하 60세 이상의 나이요건 있음
추가공제	경로우대공제	100만원	70세 이상
	장애인공제	200만원	
	부녀자 공제	50만원	배우자가 있는 여성 또는 부양가족이 있는 세대주로 소득금액 3,000만원 이하
	한부모공제	100만원	남녀 모두 적용가능하며 배우자가 없는 경우로 기본공제대상 직계비속이 있는 경우

본인공제 외의 배우자, 부양가족에 대하여 소득금액 100만원 이하인 경우로 부양가족은 20세 이하 60세 이상 요건을 만족하는 경우 한 명당 150만원의 공제가 가능하다.

2) 부녀자공제

신고자가 배우자가 있는 여성 또는 부양가족이 있는 여성세대주로 소득금액 3,000만원 이하인 경우 50만원의 추가적인 소득공제를 적용할 수 있다.

▶ **공제가능한 부양가족의 범위**

구분	범위
직계존속	부모, 조부모, 외조부모, 장인, 장모, 시아버지, 시어머니, 시조부모, 처조부모
직계비속	자녀, 입양자, 손자손녀, 자녀가 장애인으로서 그 배우자(며느리, 사위)도 장애인인 경우 그 배우자
형제자매	형, 누나, 언니, 오빠, 시아주버니, 시동생, 시누이, 처남, 처제, 처형
그 밖의 경우	6개월 이상 양육한 위탁아동, 기초생활수급자

3) 노란우산공제: 소기업 · 소상공인 공제부금

개인사업자뿐 아니라 사업자등록이 없는 사업소득자(프리랜서, 보험모집인 등)도 가입이 가능하며 연간 불입금액에 대하여 종합소득세신고 시에 소득공제를 적용한다. 복리이자를 적용받으며 노란우산공제회 또는 은행을 통해서 쉽게 가입이 가능하다. 소득공제 한도가 있기 때문에 자금 사정이 충분하지 않은 경우 무리하게 많은 금액을 불입할 필요는 없다.

매년 적립하여 폐업 등 지급요건에 해당하는 경우 수령이 가능하며 임의 해지 시 손실이 발생할 수 있으니 주의해야 한다. 법인대표자인 개인의 경우도 적용이 가능하나 급여액의 제한(근로소득 5,675만원 이하)이 있어 주로 개인사업자, 사업소득자에게 유용하게 적용되는 소득공제이다.

구분	소득금액	소득공제 한도
소득금액	4천만원 이하	500만원
	4천만원 이상 1억원 이하	300만원
	1억원 초과	200만원

4) 기부금

기부를 하고 있는 경우에도 기부금영수증을 발급받지 않으면 세금혜택을 받을 수 없다. 사업소득자도 홈택스의 연말정산 간소화서비스에서 그 내역을 확인할 수 있다. 홈택스에서 종교단체 기부금 등이 확인되지 않는 경우에는 기부처에서 기부금영수증을 직접 발급받아 고유번호증 등 기부금단체를 확인할 수 있는 서류를 준비해야 한다.

사업소득이 있는 경우 필요경비로써 소득금액을 줄여줄 수 있으며 근로소득이 있는 경우에는 한도 내에서 기부금액의 15% 세액공제도 가능하다. 두 가지 소득이 있는 경우에는 선택이 가능하다. 법정기부금은 전액 공제가능하며 종교단체는 기준 소득금액의 10%, 그 밖의 지정기부금 단체는 20%의 한도를 적용받는다.

5) 연금저축 세액공제

연금저축과 퇴직연금 불입액에 대하여 세액공제를 적용해 주는 제도로 한도 내에서 세액공제를 적용한다. 중도 해지 시 세액공제받은 금액에 대해 추징당하거나 2%의 해지가산세가 발생하므로 해지가능성이 있는 경우에는 신중하게 가입하도록 한다.

종합소득금액	세액공제대상 납입한도	세액공제율
4,500만원 이하	900만원 (연금저축만 있는 경우 600만원)	15%
4,500만원 초과		12%

(2) 업종별 경비율 확인

대부분의 개인사업주들은 소득세가 많다고 생각한다. 근로소득자와는 다르게 5월에 한번에 납부하며, 매출액 대비 소득세는 사업장 특성상 다름에도 불구하고 타인과 비교를 통해 주관적으로 판단하게 된다. 본인 사업장의 매출과 사업장 경비에 따라 세금부담이 다르며, 특히 사업관련 경비가 모두 반영된 것인지를 확인해야 한다. 이 중 하나가 바로 자신의 사업장과 동종 업종의 경비율을 비교해 보는 것이 필요하다.

예를 들어, 한식음식점을 운영 중인 사업자 A씨가 2,000만원의 소득세를 납부했다고 가정해 보자. 2,000만원의 세금이 많고 적은지를 객관적으로 보려면 한식음식점 업종의 경비율이 보통 어느 정도인지를 보면 된다. 국세청 홈택스에 접속하면 모든 업종의 경비율을 조회할 수 있다. 이를 통해 한식음식점의 단순 경비율을 살펴보면 89.7%로 나온다. 매출이 100이라면 비용이 대략 89.7%고, 이익이 10.3%라는 뜻이다. 만약 A씨가 운영하는 한식당의 경비율이 80%라고 한다면 인정받지 못한 경비가 있을 가능성이 있다. 다만, 본인의 사업장에서 경비가 적게 발생했다면 사업구조상 이윤이 많이 남는 것이므로 무조건 동종 업종의 경비율과 비교할 것은 아니다.

3. 법인세 필수사항

(1) 법인통장의 관리

법인장부는 법인통장이 기초가 되므로 법인통장에서 인출된 내역은 모두 증빙자료가 있어야 한다. 특히 법인명의의 적격증빙인 세금계산서, 계산서, 현금영수증, 카드매출전표(법인명의 카드로 사용)를 잘 챙겨서 발행받고 법인에서 나가는 돈을 통제해야 할 것이다.

법인비용을 관리하기 어려운 경우 가지급금 등의 문제로 법인의 비용이 영업외 이익이나 세무조정에 따른 익금이 되어 법인세를 증가시키기 때문에 비용 영수증에 대한 관리가 필요하다.

(2) 가지급금

법인에서 가장 골칫덩이가 가지급금이다. 소액인 경우 대표자가 그 금액을 법인에 입금하면 된다. 하지만 법인에서 증빙 없이 나간 금액 및 대표자가 법인에서 인출한 금액이 가랑비에 옷이 젖듯이 조금씩 쌓이면 큰 금액이 되는 경우가 많다. 문제는 법인세신고 시 가지급금에 대해 4.6%(법정이자율)의 인정이자 대상이 된다면 법인의 과세소득으로 보기 때문에 법인세가 증가된다. 또한 법인이 은행 등의 차입금이 있다면 가지급금에 상당하는 금액이 차입금의 이자비용 중 일정금액을 인정받지 못한 법인세 및 대표자 상여가 꽤 나올 것이다. 가령, 대표자 가지급금이 5억원이고 법인차입금이 3억원, 법인차입금에 대한 이자비용 1,500만원이 있다면, 인정이자는 2,300만원(5억 × 4.6%)으로 계상되고 인정이자는 대표자 상여로 처분된다. 지급이자 손금불산입이 되는 금액은 이자비용

1,500만원(이자비용 × (가지급금적수/차입금적수))이다. 가지급금은 법인에서 최대한 12월 말일 전에 정리하는 것을 추천한다. 추가로 가지급금으로 볼만한 것은 매출누락도 해당되므로 이를 위해 외상매출금 등을 잘 관리해야 할 것이다.

(3) 대표이사 급여

개인사업자와 다른 점이 바로 법인의 대표자인 대표이사의 '급여'처리이다. 개인사업의 경우 사업주가 통장에서 인출해 가는 돈은 급여로 인정이 되지 않는다. 법인의 경우 대표자 급여로 신고하고 근로소득세를 원천징수하며 해당 대표자 급여는 법인에게 비용이 된다. 대표자의 근로소득세와 낮은 법인세율을 이용할 수 있는 것이 법인의 장점이라 할 수 있다.

(4) 임원의 퇴직금 및 상여금 규정 정비

고용한 직원들의 퇴직연금을 가입한다면 직원들에게 나중에 지급할 퇴직금을 미리 경비처리할 수 있다. 대표이사는 법인의 직원으로서 대표이사에 대한 퇴직금도 연금에 가입하여 납입이 가능하다. 기말을 기준으로 퇴직금추계액, 즉 퇴직금예상액만큼은 퇴직연금계좌에 납입하는 만큼 그해의 비용처리가 가능하다(DC형이 관리가 용이하므로 추천함).

정관에 지급 전 미리 임원의 퇴직금 규정을 설정해 놓고 퇴직금 지급 시 법인이 경비처리를 할 수 있도록 한다. 정관으로 임원의 퇴직금, 상여금 규정이 정해져 있지 않다면 세법상의 한도만큼만 퇴직소득으로 인정된다. 퇴직금을 받는 근로자 입장에서 퇴직소득은 분류과세되어 부담하는 세금이 낮은 편이다. 혹시나 해당 규정 금액보다 초과된 금액을 지급하게 되면 경비처리가 되지 않는 것은 아니나 한도초과금액은 근로소득으로써 기존 급여에 합산되고 높은 세금이 과세된다. 법인과 퇴직임원이 난처해지는 경우가 없도록 퇴직금에 대해 정비해야 한다.

(5) 배당을 적절히 활용

법인의 주주로서 배당이 가능한 것은 많이 아는 사실이지만 실제로 배당을 미루거나 지급을 주저하는 경우가 많다. 배당의 결의나 신고가 번거롭고 2,000만원 이하의 금액만 분리과세된다고 하여 효용이 떨어진다고 생각하는 사람들이 많은데 실제로 정기배당 외에도 정관에 규정이 있는 경우에는 연중 언제나 한 번 중간배당도 가능하며 결의 등으로 절차도 크게 어렵지 않으니 법무사 또는 세무사에게 문의하여 보자.

이익잉여금을 배분하는 배당(배당금액은 법인 경비처리 안 됨)은 현금의 합법적 인출로 그 배당금액에 대해 배당소득세를 신고 · 납부한다. 하지만 연 2,000만원까지의 배당소득(이자, 배당합산기준)은 14%의 세율로 분리과세가 되므로 근로소득이 상당히 많은 법인 주주이자 대표자는 분리과세를 적절히 이용하는 것도 절세전략이 될 수 있음을 유념하자.

4. 종합소득세 · 법인세: 사업세금 절세관리 포인트

개인 · 법인사업을 운영하는 경우 손익계산서상 사업장의 소득금액을 계산하여 개인 · 법인 세무조정을 거쳐 세금을 신고 · 납부하게 된다. 손익계산서에는 매출원가, 제조원가, 감가상각비, 그 밖의 판매관리비 등 다양한 사업관련 비용이 포함된다. 부가가치세는 적격증빙의 경우에만 매입세액공제가 가능하고 업무추진비(접대비), 인건비에 대한 공제는 제외되지만 소득세, 법인세의 경우 사업에 관련한 모든 경비를 차감한 후의 소득에 대한 세금을 납부하는 것으로 실제로 매출에서 비용을 차감한 소득에 대한 세금을 납부하므로 적격증빙을 발급받은 비용뿐만 아니라 추가적으로 인건비, 적격증빙 외의 경비(간이영수증 등)들이 비용에 포함된다.

적격증빙이 아닐 경우 「부가가치세법」상 세액공제는 받지 못하더라도 비용처리는 가능하다. 관련 가산세는 2%이며, 개인, 법인의 소득세율에 비하여 훨씬 낮기 때문에 가산세를 내더라도 비용처리를 받는 것이 더 유리하다. 장부상 누락보다는 비용, 자산 등 실제 내용에 맞게 적절하게 처리하는 것이 인출된 금액이 대표자 가지급금처리되는 것보다 현명한 판단일 것이다. 다만, 추후 해당 비용에 대한 소명 및 세무조사의 위험에 대비하여 계좌이체내역 및 계약서 등을 증명할 수 있도록 한다.

개인 종합소득세의 사업소득과 법인세는 모두 사업장의 수입금액(매출)에서 비용을 차감한 소득의 세금으로 공통적인 부분이 많다. 세무사가 상담할 때 중요하게 판단하는 사업장관리와 절세를 위해 꼭 알아야 하는 포인트를 알아보자.

tips!

간이영수증

적격증빙(세금계산서, 신용카드, 현금영수증) 외의 간이영수증도 3만원까지는 가산세 없이 경비처리가 가능하다. 간이영수증이 3만원이 넘으면 가산세 대상이지만 경비처리는 되므로 무조건 영수증을 받는다.

(1) 사업 초기

1) 사업준비비용

「부가가치세법」상 사업자등록 전의 매입세액공제가 가능하듯이 사업을 준비하여 소요된 비용도 실제 사업과 관련되며 증빙이 있는 경우 비용처리가 가능하다. 차량, 기계와 같은 고정자산의 경우에도 장부에 자산으로 계상하여 감가상각비용으로 처리가 가능하다.

2) 사업을 인수한 경우

사업장을 시작하며 기존 사업자에게 권리금, 영업권, 시설, 비품 등에 대한 대가를 지급한 경우 이는 감가상각을 통해 경비처리가 가능하다. 기존 운영되던 사업장의 설비 또는 인테리어된 시설 일체를 양도·양수하는 경우 권리금이나 영업권에 대하여 양도자가 신고하고 적법하게 신고한다면 양수자도 문제없이 비용처리가 가능하지만 계약서나 증빙도 없이 현금으로 지급하는 경우 비용처리를 받지 못하거나 증빙 없이 무리하게 비용처리하는 경우 추후 다시 세금을 추징당할 수 있는 등의 문제가 있으니 주의해야 한다.

3) 인테리어비용

사업 초기 이익이 없다고 인테리어나 고정자산 구입 시 저렴한 대가를 지불하고 세금계산서 등 증빙을 제대로 발급받지 않는 경우가 많다. 인테리어비용, 고정자산 구입은 사업 전체의 비용 중에 큰 비중을 차지하고 회계상 '자산'으로 계상되어 감가상각기간에 걸쳐 비용처리되므로 당장의 저렴한 대가보다는 장기적인 측면에서 세금계산서 등 적격증빙을 발급받는 것이 현명하다.

4) 창업감면

창업의 요건을 갖추어 창업감면을 받는다면 소득세, 법인세의 50~100%가 5년간 감면되므로 요건을 확인하여 신고 시 창업감면신청서를 제출하고 감면을 받을 수 있다.

tips!

사업 초기에 많은 비용이 발생하지만 처음 사업을 하면서, 여러 가지 사정으로 적격증빙을 받지 못하는 경우가 많다. 하지만 전체 사업의 비용 중 초기비용이 큰 경우가 많아 자산, 비용 등을 적법하게 처리할 수 있도록 계좌이체내역, 견적서, 계약서 등이라도 사실관계를 입증할 수 있는 자료를 구비하여 세무사와 상의하는 것이 좋다.

(2) 가결산과 비용관리

1) 가결산

가결산이란 개인, 법인의 소득세신고 시 확정되는 재무제표가 아니더라도 연중에 결산하여 자산, 손익상태를 점검하는 것이다. 상황에 따라 월, 분기, 반기별로 진행을 하며 사업장에 대한 결산을 통해 현재상황을 파악, 점검할 수 있어 사업장의 회계적인 관리뿐 아니라 요건을 갖춘 세액공제 감면 등 절세계획을 세우는 데 있어 필수적이다.

세금은 현금흐름에도 영향을 미치므로 연중 가결산으로 세부담을 미리 파악하여 미래 투자계획, 비용계획 등 사업장 운영에도 도움을 줄 수 있다.

법인의 경우 계좌의 사용내역을 미리 회계적으로 정리하고 미수금 미지급금관리를 원활하게 해주며, 가지급금, 가수금 등의 관리를 위해서 가결산은 더욱 필수적이다. 개인의 경우에도 가결산 세부담 계산 시 사업소득 외에도 금융소득, 3.3% 프리랜서소득, 근로소득, 연금소득 등 종합소득세신고 시 합산될 타 소득에 대한 고려를 하여 세부담을 미리 계산하는 것을 추천한다.

2) 비용관리

적격증빙이 적용되는 부가가치세의 경우 전자세금계산서, 홈택스에 등록된 사업용 신용카드, 현금영수증 등이 홈택스상 집계가 가능하여 누락되는 경우가 적지만 소득세신고의 경우 사업을 수행하며 발생하는 다양한 종류의 비용이 누락될 수 있는 여지가 많다. 사업장의 적절한 관리를 위해서는 사업에 관한 비용이 누락되지 않도록 관리하는 것이 중요하다.

① 개인사업자

사업용계좌, 사업용 카드 및 여러 가지 금전상 개인용도가 섞이는 경우가 많아 사업경비를 따로 챙기지 않는 경우 누락되기 쉽다. 개인적 경비와 사업용 경비 등 용도를 구분하여 관리해야 한다.

비용누락은 인건비에서도 많이 발생된다. 근로자의 사정으로 인건비 신고를 못하는 경우 비용이 줄어드는 만큼 사업장의 소득이 증가되어 소득세를 더 내야 한다는 것을 잊지 말자.

② 법인사업자

법인카드의 제약 등으로 대표이사, 직원의 카드가 쓰이는 경우 이를 제대로 관리하지 않아 누락되는 경우가 많다. 영업활동, 여비교통비, 업무추진비 등 실제 사업과 관련된 법인카드 외의 카드전표, 영수증 등이 있다면 누락되지 않도록 증빙철, 지출결의서 등 내부적으로 관리하는 것이 필요하다.

(3) 결손금공제, 결손금 소급세액공제

개인, 법인 모두 사업 초기 또는 부진으로 경영이 어려운 경우 장부상 결손금이 발생한다. 결손금은 15년간 이월공제가 가능하며 전기에 소득이 있어 납부한 세액이 있는 경우 소급하여 세액을 환급받는 것도 가능하기 때문에 사업장이 손실이 나는 경우에도 적절한 세무관리가 필수적이다.

1) 장부작성을 하지 않고 추계신고 시에는 결손금을 공제받을 수 없다

흔히 사업 초기나 사업부진을 겪을 때는 세무비용을 조금이라도 아끼려고 추계로 신고하는 경우가 많다. 하지만 추계로 신고하는 경우 장부를 작성하지 않고 추계비율에 따른 신고를 하므로 결손금을 이월하여 공제받을 수 없으므로 주의하여야 한다. 올해 결손이 1억원인 경우 이를 기록하지 못해 내년 소득에 대해서 그대로 세금을 낸다면 억울할 수밖에 없다. 매출이 적으니 세금을 제대로 신고하지 않아도 되는 것이 아니라 손실이 발생했다면 장부작성을 통해 결손금을 이월하여 공제받도록 하자. 개인의 경우 종합소득세신고 시 사업의 결손금은 다른 소득과 통산하여 소득금액을 줄이는 효과가 있으므로 타 소득이 있는 경우에는 더욱 신중하게 신고방법을 결정해야 한다.

2) 이월결손금 배제대상 법인

① 당기순이익 과세를 적용받는 조합법인

조합법인은 이월결손금을 공제할 수 없다. 그러나 해당 조합법인이 당기순이익 과세를 포기하는 경우에는 당기순이익 과세에서 제외된 사업연도 이후에 발생한 결손금에 대하여 공제가 가능하다.

② 소득금액을 추계하는 법인

소득금액을 추계결정 또는 추계경정하는 경우에는 결손금의 이월공제가 배제된다. 따라서 결손금을 공제받고자 하는 경우 꼭 결산하여 법인세를 신고해야 한다.

그러나 법인세 과세표준을 추계결정 또는 추계경정함으로 인하여 공제되지 아니한 이월결손금은 그 후의 사업연도 과세표준을 계산함에 있어 추계의 방법에 의하지 않을 경우에는 공제할 수 있다.

(4) 대손상각비

사업을 운영하며 대금을 수령하지 못하는 경우가 있다. 이런 경우 세법상 대손사유에 해당한다면 대손상각비로 비용처리가 가능하다. 「부가가치세법」상 대손세액공제와 사유는 같으며 사업상 발생한 외상매출금, 받을어음, 당좌수표, 대여금, 선급금 등이 대손 사유에 해당하는 경우 대손상각비로 비용처리가 가능하다. 대손이 발생하는 경우 세액공제, 비용처리라도 꼭 받자.

(5) 차량관련 비용

차량관련 비용은 감가상각비, 임차료, 리스료, 유류비, 보험료, 수리비, 자동차세, 통행료, 승용차 금융리스에 관련한 이자비용 등 승용차의 취득 및 유지를 위한 비용 일체를 말하며 모든 법인 및 복식부기의무자인 개인사업자에게 적용된다.

사업 운영상 차량비용은 운송, 영업, 출퇴근, 건설현장 등 다양한 형태에서 발생한다. 사업용 차량 중 「부가가치세법」상 매입세액공제가 가능한 것으로 분류되는 차량은 세법상 비용처리에 제한이 없으나 이외 대부분의 승용차량은 사업 이외의 개인적인 용도에도 쓰인다고 보기 때문에 다음과 같은 제약이 있는 것으로 보인다.

1) 운행일지 작성

운행일지를 작성하지 않는 경우 1대당 연 1,500만원의 비용까지만 인정이 된다. 운행일지를 작성하는 경우 업무용 비율에 해당하는 금액은 비용으로 인정이 되며 그 외의 금액은 비용에서 제외된다.

업무용 승용차관련 비용명세서(차량운행일지, 차량유지비명세 등)를 미제출 또는 불성실하게 제출하는 경우 해당 차량 비용처리금액에 대하여 1% 가산세를 적용한다. 차량관련 비용이 큰 경우뿐 아니라 차량의 사업용 용도를 증명하기 위해서도 운행일지를 작성하는 것이 좋다.

2) 감가상각비 한도

연간 1대당 800만원의 감가상각비 한도를 위의 한도와 별도로 적용하며 초과된 금액은 이월하여 한도 내에서 비용처리가 가능하다.

연간 감가상각비 계산

자가차량 = 차량가액 × 상각률(20%)

리스차량 = 리스료 – 보험료, 자동차세, 수선유지비

렌트차량 = 임차료(렌트비용)의 70%

3) 업무용 보험 가입

법인의 경우 임직원전용 보험에 가입하지 않는 경우 전액 비용인정받을 수 없다. 개인의 경우에는 개인사업자 특성상 1대는 제외하고 나머지 차량에 대하여 업무전용 보험에 가입하여야 하며 보험 미가입 시 불이익을 아래와 같이 단계적으로 적용하고 있다.

귀속연도	가입대상	미가입 시 비용인정비율
2021~2023	성실신고대상자, 전문자격사	50%
2024~2025	모든 복식부기의무자	성실신고대상자, 전문자격사는 0%, 그 외 50%
2026~	모든 복식부기의무자	0%

tips!

직원에게 급여로 지급하는 자가운전보조금이나 이 밖에 회사가 직원명의 차량에 대하여 실비를 보조해 주는 경우에는 여비교통비의 성격으로 위 규정을 적용하지 않는다.

(6) 기한 내에 신고

당연하고 쉬운 이야기일 수 있지만 신고기한에 신고하고 납부기한 내에 납부하는 것은 가장 기본이다. 신고기간에 신고할 것과 납부기한에 납부할 것을 잊고 기한 후에 신고하거나 납부하게 되면, 가산세가 발생한다. 이런 경우 가산세(경비로도 인정되지 않음)에 대한 불필요한 지출이 발생하므로 신고 및 납부에 대한 기한도 엄수해야 한다.

Q A

Q 개인사업자를 운영하면서 개인 사적 비용을 사용하면 경비처리가 가능한가요?

A 사업소득의 경비는 사업과 관련된 경비로 비용처리할 수 있으므로 사적 비용은 경비처리가 원칙적으로 불가능합니다. 다만, 사적 비용이 사업과 관련된 비용과 관련이 있는 것으로 판단이 되거나 하면 비용 인정을 받을 수 있습니다.

Q 차량의 보험을 누구나 보험으로 계약하였습니다. 차량관련 경비가 모두 인정될 수 있나요?

A 법인의 경우 임직원을 한정으로 하는 업무용 보험에 가입해야 하며 개인사업자의 경우 성실사업자, 전문직 업종의 경우 1대의 차량은 비용이 인정되며 1대를 제외한 추가적인 차량은 업무용 보험가입을 해야 정상적인 경비인정이 가능합니다. 2024년부터는 모든 복식부기의무자로 적용이 확대됩니다.

Q 통장에서 인출을 해서 개인적으로 사용해도 되나요? 개인사업장에서 사업주도 근로소득신고를 하는 건가요?

A 법인사업자의 경우에는 급여, 가수금의 인출이 아닌 개인적 인출은 가지급금(법인에게서 빌린 돈)으로 게상되어 추후 다시 법인에게 상환해야 하고 인정이자 등의 이자비용을 법인에게 지불하여야 하며 상환하지 못할 경우 상여처분을 받아 근로소득으로 과세될 수 있습니다.
개인사업자는 법인사업자와 다르게 개인사업자 통장에서 이체하는 것에 제한이 없습니다. 개인사업장의 사업주는 소득에 대하여 종합소득세로 신고납부하므로 해당 사업장에서 별도로 근로소득신고를 할 필요는 없습니다.

Q 공동사업자는 건강보험료를 경비인정받을 수 있는 건가요?

A 공동사업장의 소득금액 계산 시 공동사업자의 건강보험료는 필요경비로 인정되어 경비인정을 받을 수 있습니다.

Q 경비를 세금계산서 등을 받지 않는 조건으로 현금지출하는 것으로 해도 될까요?

A 경비지출은 추후 매입세액공제 및 종합소득세의 세금에 영향을 미칩니다. 따라서 세금계산서 등의 적격증빙을 받지 않는다면 경비인정을 받지 못해 매입세액공제와 종합소득세를 더 많이 낼 수 있으므로 현금지출보다 세금계산서 등을 받는 것이 유리합니다.

Q 인건비로 현금을 지급하고 원천세신고를 못하였습니다. 경비처리가 가능한가요?

A 현금으로 인건비를 지급하고 원천세를 신고하지 못한 경우에도 실제 인건비에 해당하는 경우 장부상 경비처리는 가능합니다. 다만, 원천세신고를 하지 않은 것과 지급명세서를 제출하지 않은 것에 대한 가산세가 있을 수 있고, 추후 세무조사 등 과세관청이 소명을 요구할 때 실제 인건비를 지급한 사실이 확인되지 않는 경우에는 경비로 인정되지 않아 세금이 추징될 수 있습니다.

법인의 경우 통장에서 지급된 금액이 경비처리되지 않는다면 가지급금으로 분류되고 대표자의 소득으로 간주될 수 있습니다.

Q 법인대표자가 급하게 돈이 필요한데, 법인의 계좌에서 인출하는 것이 가능한가요?

A 가능은 하지만 법인계좌에서 이유 없이 인출된 것은 대표자 가지급금으로 보고 출금한 시점부터 입금된 시점까지의 인정이자(4.6% 당좌대출이자율 등으로 계산한 이자)를 상여 등으로 소득처분합니다.

Q 법인카드로 대표자 사치품을 사고 접대비 처리도 가능한가요?

A 법인카드로 사용한 접대비는 법인의 사업과 관련된 비용을 사용하였을 때 한도 내의 접대비로 경비인정이 될 것입니다. 대표자의 사치품 등을 산다면 대표자의 가지급금으로 보아 대표자의 소득으로 처분됩니다.

Q 같은 사업주인 법인사업자와 개인사업자가 있습니다. 법인사업자로 임차를 하였으나 개인사업자의 주소지도 같다면 문제가 없나요?

A 문제가 있습니다. 같은 사업주라고 하더라도 법인사업자는 사업주와는 별개의 인격이므로 법인의 사업장과 개인의 사업장이 임차하는 영역에 맞게 전대차계약서를 쓰고 임차료를 계산해서 개인사업자가 법인사업자에게 지급해야 할 것입니다. 그렇지 않으면 법인의 비용이 사적으로 사용된 것으로 보아 대표자 가지급금으로 보게 될 수 있습니다.

Ⅱ 절세전문가: 세액공제 · 감면

최근에 국세청은 예전보다 세밀하게 납세자를 관리하고 있으며 수입, 비용에 관련한 정보시스템은 계속 발전하고 있다. 세금을 무리하게 줄이거나 추후에 문제가 될 수 있는 위험한 탈세를 하는 것보다는 억울하게 세금을 내지 않도록 각 세금별로 적절하게 관리하고 안전한 절세를 하는 것이 중요하다.

1. 창업중소기업 등에 대한 법인세(소득세) 감면

창업중소기업 세액감면제도는 중소기업의 창업을 독려하기 위한 제도로 해당 기업의 5년간 소득에 대해 법인세와 소득세 등을 감면해 주는 제도이다.

구분	일반창업	청년창업	소규모 창업	창업벤처
감면 업종	광업, 제조업, 수도 · 하수 및 폐기물처리, 원료재생업, 건설업, 통신판매업, 대통령령으로 정하는 물류산업, 음식점업, 정보통신업, 대통령령에서 정하는 정보통신을 활용한 금융서비스제공업, 엔지니어링사업, 사업시설관리 및 조경서비스업, 사업지원서비스업, 사회복지서비스업, 예술 · 스포츠 및 여가관련 서비스업, 개인 및 소비용품수리업, 이용 및 미용업, 직업능력개발훈련시설운영사업, 노인복지시설운영사업, 전시산업			
나이 조건	없음	만 15세 이상 34세 이하	없음	없음
지역 요건	수도권 과밀억제권역 외의 지역만 가능	수도권 과밀억제권역 내 · 외 지역 모두 가능	수도권 과밀억제권역 내 · 외 지역 모두 가능	없음

감면율	50%	• 수도권 과밀억제권역 내의 지역: 50% • 수도권 과밀억제권역 외의 지역: 100%	• 수도권 과밀억제권역 내의 지역: 50% • 수도권 과밀억제권역 외의 지역: 100%	50%

수도권 과밀억제권역

1. 서울특별시
2. 인천광역시(강화군, 옹진군, 서구 대곡동, 불노동, 마전동, 금곡동, 오류동, 왕길동, 당하동, 원당동, 인천경제자유구역 및 남동국가산업단지는 제외)
3. 의정부시, 구리시, 남양주시(호평동, 평내동, 금곡동, 일패동, 이패동, 삼패동, 가운동, 수석동, 지금동, 도농동에 한함), 하남시, 고양시, 수원시, 성남시, 안양시, 부천시, 광명시, 과천시, 의왕시, 군포시, 시흥시(반월특수지역 제외)

감면을 받기 위해서는 실제 '창업'에 해당하고 감면업종에 해당하여야 가능하다. 지역, 나이요건에 따라 감면율에 차이가 있으므로 감면업종을 창업한 경우에는 감면을 받을 수 있는지 꼼꼼하게 따져봐야 한다. 창업 후 3년 이내에 벤처기업으로 인증을 받은 경우에는 창업벤처기업으로 감면을 받는 것도 가능하므로 수도권 과밀억제권역 내의 지역에 창업하고 나이요건에 맞지 않아 감면을 못 받은 경우라면 벤처기업인증이 가능한지 알아보는 것도 현명한 방법일 수 있다. 이외에도 수도권과밀억제권역 외의 창업인 경우 취득세 및 등록면허세, 재산세에 대해서도 감면받을 수 있다.

tips!

소규모 창업이란 연간 수입금액 8,000만원 이하인 경우 나이요건이 없으므로 이에 해당하는지 확인해 보는 것도 필요하다.

2. 연구 및 인력개발비에 대한 세액공제

연구 및 인력개발비 세액공제는 혜택이 크기 때문에 형식적인 연구소 형태만 갖추어두고, 연구개발행위 없이 세액공제를 받아 탈세수단으로 악용되는 점이 많아짐에 따라 여러 가지 사항을 추가하여 제도를 개선하고 있다. 2020년 귀속부터 새로 추가된 내용은 연구관련 서류작성을 5년간 보관의무화하고, 세액공제 신청 시 연구과제 총괄표를 제출하도록 하였다.

연구 · 인력개발비 세액공제는 신성장 · 원천기술관련 비용과 일반 연구인력관련 비용이 동시에 있는 경우 계산방식이 다르므로 구분하여 경리해야 한다.

① 신성장 · 원천기술 연구 · 인력개발비 × (㉠+㉡)

㉠ 중소기업 30%(그 외 20%, 25%)

㉡ (당기 신성장 · 원천기술관련 비용/당기 수입금액) × 3, 한도 중소기업 10%(그 외 15%)

② ① 외의 일반연구 · 인력개발비는 ㉠, ㉡ 중 선택한 금액

㉠ 직전 과세연도발생액 초과금액 × 50%(그 외 40%, 25%)

㉡ 당해연도 연구 · 인력개발비용 × 10~25%(그 외 8%)

3. 통합투자세액공제

사업에 대한 투자를 장려하기 위해 투자금에 대해 일정 부분을 세액공제를 받을 수 있다. 다만, 소비성 서비스업 또는 부동산임대 및 공급업은 적용받을 수 없다.

공제대상 자산으로는 기계장치 등 사업용 유·무형자산 등에 대해 적용받을 수 있지만 해당 자산이 세법에 열거된 자산 및 특수관계자로부터 취득하지 않은 것인지도 확인해야 한다.

(1) 통합투자세액공제율

구분	일반업종	신성장 · 원천기술 사업화시설	국가전략기술 사업화시설
중소기업	10%	12%	16%
중견기업	3%	5%	8%
대기업	1%	3%	6%

(2) 추가공제

해당 과세연도 투자금액이 직전 3년 연평균 투자금액을 초과하는 경우 기본공제 외 추가공제를 적용받을 수 있다.

- 추가공제: (해당 과세연도 투자액 – 직전 3년간 연평균 투자액) × 3%

(3) 사후관리

통합투자세액공제를 적용한 고정자산은 취득일로부터 2년 동안 해당 사업목적으로 사용하지 않는 경우 공제세액에 이자상당액을 가산해서 세금을 납부해야 한다.

4. 고용관련 세액공제: 통합고용세액공제

기존의 고용증대 세액공제 및 사회보험료 세액공제, 경력단절여성 세액공제, 정규직 전환 세액공제, 육아휴직 복귀자 세액공제를 2023년부터는 통합하여 통합고용증대 세액공제를 적용한다.

입종요건은 거의 모든 기업이 대상이지만 소비성 서비스업은 제외한다. 내국인으로 해당 사업연도의 상시근로자의 수가 직전 사업연도의 상시근로자 수보다 증가한 경우 적용할 수 있다.

(1) 세액공제율

청년 등 상시근로자의 경우 증가인원당 1,450만원(중견기업 800만원, 대기업 400만원)을 적용하며, 청년 등 외의 상시근로자의 경우 증가인원당 850만원(중견기업 450만원)을 공제한다(수도권 내 지역 기준).

구분	중소기업(3년)		중견기업(3년)	대기업(2년)
	수도권	수도권 외		
청년 정규직, 장애인, 60세 이상, 경력단절여성 등	1,450만원	1,550만원	800만원	400만원
그 외 상시근로자	850만원	950만원	450만원	–

(2) 지원대상 및 청년의 범위

지원대상은 상시근로자를 말하며, 근로계약기간이 1년 미만이거나 단시간(1개월 근로시간이 60시간 미만)근로자, 법인의 임원, 해당 법인의 최대주주 및 최대출자자 또는 그의 특수관계자, 원천세 납부사실이 없는 자(4대보험 납부사실이 없는 자)는 제외한다.

청년은 만 15세~34세로 종전의 29세 이하 기준보다 확대되었다.

(3) 추가공제액

정규직으로 전환되거나 육아휴직에서 복귀한 근로자가 있는 경우 중소기업에서는 1,300만원, 중견기업에서는 900만원을 추가공제할 수 있도록 적용한다.

(4) 사후관리

공제액이 큰 만큼 사후관리 요건이 있어 주의가 필요하다. 최초로 공제를 받은 과세연도의 종료일부터 2년이 되는 날이 속하는 과세연도의 종료일까지 고용인원이 감소한 경우 감소한 인원에 상당하는 공제받은 금액을 다시 납부하여야 한다. 납부하는 세액에 추징되는 가산세는 따로 납부하지 않는다.

5. 그 밖의 소득공제 및 세액공제

(1) 통합투자세액공제

기계장치 등의 사업용 자산과 연구 등 관련 시설, 에너지절약시설, 환경보전시설, 근로자복지증진시설, 운수업의 차량운반구, 연구 · 개발하여 받은 특허권, 실용신안권, 디자인권의 투자금액에 대해 기본공제금액과 추가공제금액을 합한 금액을 세액공제받을 수 있다(10%(중견기업 5%, 일반기업 1%)$+\alpha$).

(2) 재해손실 세액공제

사업을 하다 보면 침수피해나 화재 등 예기치 못한 손실을 입을 때가 있다. 이와 같이 어려울 때 재해손실 세액공제를 받는 것은 꼭 필요한 일이다.

① 요건: 천재 · 지변 그 밖의 재해로 사업장 자산총액(토지 제외)의 20% 이상 손실을 입은 경우

- 세액공제액: 소득세, 법인세액 × 재해비율

② 한도: 재해손실 범위액 내

tips!

피해를 입었을 때 경황이 없어 자료를 남기지 못하는 경우가 많지만 세액공제를 안전하게 받기 위해서는 피해사실을 입증할 수 있는 사진자료, 자산이나 재고금액에 대한 자료를 준비하는 것이 중요하다.

(3) 성실신고 확인비용에 대한 세액공제

성실신고 확인대상 사업자의 성실신고 확인비용의 60%를 납부할 세액에서 공제한다. 한도는 개인사업자의 경우 120만원, 법인사업자의 경우 150만원이다.

6. 중소기업에 대한 특별세액 감면

중소기업으로서 아래 업종을 영위하는 사업자는 법인세(소득세)감면을 받을 수 있으며 규모, 업종, 지역에 따라 감면율이 다르다(「조세특례제한법」 제7조 참조). 가장 보편적으로 적용이 가능한 세액감면으로 도·소매업, 제조업, 건설업 등 폭넓은 업종에 적용되고 사후관리 요건이 없다.

감면업종

작물재배업, 축산업, 어업, 임업, 광업, 제조업, 하수·폐기물 처리(재활용을 포함), 원료재생 및 환경복원업, 건설업, 도매 및 소매업, 운수업 중 여객운송업, 출판업, 영상·오디오 기록물 제작 및 배급업(비디오물 감상실 운영업은 제외), 방송업, 전기통신업, 컴퓨터프로그래밍, 시스템 통합 및 관리업, 정보서비스업(블록체인 기반 암호화자산 매매 및 중개업은 제외), 연구개발업, 광고업, 그 밖의 과학기술서비스업, 포장 및 충전업, 전문디자인업, 창작 및 예술관련 서비스업(자영예술가는 제외), 대통령령으로 정하는 주문자상표부착방식에 따른 수탁생산업(OEM), 엔지니어링사업, 물류산업, 「학원의 설립·운영 및 과외교습에 관한 법률」에 따른 직업기술분야를 교습하는 학원을 운영하는 사업 또는 「국민 평생 직업능력 개발법」에 따른 직업능력개발훈련시설을 운영하는 사업(직업능력개발훈련을 주된 사업으로 하는 경우에 한정), 대통령령으로 정하는 자동차정비공장을 운영하는 사업, 「해운법」에 따른 선박관리업, 「의료법」에 따른 의료기관을 운영하는 사업(의원 · 치과의원 및 한의원은 해당 과세연도의 수입금액 중 요양급여비용이 차지하는 비율이 100분의 80 이상으로서 해당 과세연도의 종합소득금액이 1억원 이하인 경우에 한정), 「관광진흥법」에 따른 관광사업(카지노, 관광유흥음식점 및 외국인전용유흥음식점업은 제외), 「노인복지법」에 따른 노인복지시설을 운영하는 사업, 「전시산업발전법」에 따른 전시산업, 인력공급 및 고용알선업(농업노동자 공급업을 포함), 콜센터 및 텔레마케팅 서비스업, 「에너지이용 합리화법」 제25조에 따른 에너지절약전문기업이 하는 사업, 건물 및 산업설비 청소업, 경비 및 경호서비스업, 시장조사 및 여론조사업, 무형재산권 임대업, 「연구산업진흥법」 제2조 제1호 나목의 산업, 「노인장기요양보험법」 제31조에 따른 장기요양기관 중 재가급여를 제공하는 장기요양기관을 운영하는 사업, 사회복지서비스업, 개인 간병 및 유사서비스업, 사회교육시설, 직원훈련기관, 기타 기술 및 직업훈련학원, 도서관 · 사적지 및 유사 여가관련 서비스업(독서실 운영업은 제외), 「민간임대주택에 관한 특별법」에 따른 주택임대관리업, 「신에너지 및 재생에너지 개발 이용 · 보급 촉진법」에 따른 신 · 재생에너지 발전사업, 보안시스템 서비스업, 통관 대리 및 관련 서비스업, 자동차임대업(「여객자동차 운수사업법」 제31조 제1항에 따른 자동차대여사업자로서 같은 법 제28조에 따라 등록한 자동차 중 100분의 50 이상을 「환경친화적 자동차의 개발 및 보급 촉진에 관한 법률」 제2조 제3호에 따른 전기자동차 또는 같은 조 제6호에 따른 수소전기자동차로 보유한 경우로 한정)

▶ 업종별 소기업 규모기준

업종	매출액(이하)
제조업 중 식료품, 음료, 의복 등, 가죽, 코크스, 화학물질, 의료용 물질 등, 전기 · 가스 · 수도사업 등	120억원
제조업 중 담배, 섬유제품, 목재 및 나무제품, 인쇄 등, 농업, 광업, 건설업 등	80억원
도소매업, 출판업, 영상, 방송통신 및 정보서비스업	50억원
전문 · 과학 · 기술서비스업 등	30억원
숙박 · 음식점업, 교육서비스, 보건업 및 사회복지서비스업 수리업 등	10억원

* 자세한 규정은 「중소기업기본법 시행령」 [별표 3]으로 고시한다.

소기업	중기업
도매업 등: 10%	수도권 외 도매업 등: 5%
수도권 내 도매업 등 외: 20%	수도권 외 도매업 등 외: 15%
수도권 외 도매업 등 외: 30%	수도권 내 지식기반산업: 10%
감면한도: 1억원 – (전년 대비 감소 상시 근로자 수 × 500만원)	

* 도소매업 등: 도매업, 소매업, 의료업

7. 세액공제 · 감면에 대한 제한

(1) 감면이 배제되는 경우

복식부기의무자인 개인이 추계신고하는 경우 과세관청의 결정 · 경정, 기한 후 신고, 수정신고 등의 경우 감면이 배제되는 규정이 있으므로 주의해야 한다. 추가로 현금영수증 가맹점 미가입 시에도 감면이 배제되는 불이익이 있다.

(2) 최저한세에 따른 감면 배제

법인세 등의 계산 시 각종 감면을 받은 후 세액이 최저한세에 미달하면 그 미달분은 감면하지 않고 세금을 납부한다. 참고로 중소기업의 최저한 세율은 7%(그 외 기업은 8~17%)이다.

(3) 중복지원 배제

동일 자산별 투자세액공제에 대한 중복적용, 동일 과세연도에 일정 세액공제 및 세액감면의 중복적용, 동일 사업장에 대한 일정 세액감면 중복적용에 대해 배제하고 있으므로 이중으로 공제 · 감면되지 않도록 유념해야 한다.

(4) 수도권 과밀억제권역 투자에 대한 조세감면 배제

수도권 과밀억제권역 내 증설투자에 대한 감면 배제를 적용한다.

Ⅲ 절세만큼 중요한 위험관리

뉴스를 보면 유명인들이 탈세를 하여 기사에 오르내리는 일을 종종 보게 된다. 우리 주위에도 사업을 하다 세무조사를 받고 많은 세금과 가산세를 납부하는 경우들이 많다. 매출누락이나 가공경비를 신고한 경우도 있지만 신고가 잘못되었거나 관리가 잘 되지 않는 경우도 있어 추후에 세무조사를 통해 세금이 추징될 수 있다.

사업을 하다 보면 어떤 유형의 소명이 발생하고 세무조사 등 국세청의 점검에서 문제되는 부분들은 어떤 것들이 있는지 함께 알아보자.

tips!

소명이란?

소명이란 국세청에서 납세자에게 일종의 사실확인, 수정신고 등 소명기회를 주는 안내를 하는 것이라 볼 수 있다. 기한 후 신고에 대한 안내, 신고내용의 분석 후 소명 안내 등 여러 가지 사유에 의해서 발생하며 소명 안내문을 받지 않아도 환급신청이나 세금신고를 하였을 때 세무서에서 사실확인을 요청받는 것 등에 대해 실무상 소명이라는 단어를 많이 사용한다.

1. 매출 · 매입에 대한 사실확인

부가가치세신고 후 국세청에서 담당자가 실제 매출, 매입의 내용에 대하여 사실확인을 하는 경우가 있다. 영세율 매출의 경우 수입신고필증과 같은 서류가 아닌 판매자가 직접 외국으로 재화를 수출하는 등의 경우 수

출입을 증빙하는 서류를 적합하게 제출하고 내용을 설명해야 하는 경우가 있다. 외국으로 운송되는 것을 증빙할 수 있는 서류, 운송장번호 등 사실확인이 가능한 서류와 실제 장부를 구비하여 두는 것이 좋다.

구매대행과 같이 국세청에서는 매출 총거래금액만이 확인되고 납세자가 스스로 수수료에 대한 매출만 분리하여 신고하는 등 내부 장부로 사실을 증명해야 하는 경우가 있으니 매출의 실제 판매내역을 관리하는 것이 중요하다.

또한 고정자산 매입 등에 의한 환급은 매입이 더 많이 발생하여 환급되며, 실제 고정자산 매입내용 및 증빙, 이체내역에 대해 확인을 하는 경우가 많다. 따라서 고정자산 매입, 원재료 · 재고자산 매입 등으로 환급이 예상되는 경우 계약서, 거래내역, 송금내역 등 실제 거래를 증명할 수 있는 자료를 구비해야 한다.

2. 사업용 카드의 무분별한 지출

많은 사업자들이 사업용 신용카드의 사용에 대해 비교적 자유롭게 생각한다. 하지만 사업용 신용카드의 경우 미용, 학원, 병원 등 의료비, 사치성 지출, 주말 사용, 심야 사용, 휴양지 등 사업과 관련 없이 사용하는 금액에 대하여 국세청에서 분석한다. 국세청은 사업용 카드로 사업과 관련되지 않은 비용을 과다하게 지출하는 경우에는 신고 시 사업성 여부를 검토하도록 안내할 정도로 자세히 파악하고 있다. 따라서 무분별하게 카드를 사업 외의 용도에 사용하고 비용처리하는 경우에는 추후 과다한 비용처리에 대해 사업에 적절한 비용인지 소명을 요구받거나 세무조사 시 추가적인 세금과 가산세를 납부할 수 있으니 주의해야 한다.

사업자들이 직접 장부를 작성하여 신고하면서 개인비용이 계상된다든지 세무사에게 맡기고 신경을 쓰지 않아 부주의하게 사업 외 개인적인 비용이 장부에 계상되는 경우도 많다. 무조건 세금을 낮게 내는 것을 원한다고 무리하게 개인적인 비용까지 계상하는 경우 당장에 문제가 없지만 누적되다 보면 세무조사의 대상이 되어 본세 및 가산세에 대해 미래에 납부해야 할 수 있음을 상기해야 한다. 또한 카드 사용내역이 빅데이터로 관리되는 현재의 국세청시스템에서는 사업자는 사업성 여부의 확인을 통해 비용관리가 더욱 요구되고 있다.

3. 적격증빙 외의 과다한 비용

국세청 소명자료 중 많은 비중을 차지하는 것이 적격증빙 외의 비용에 대한 소명자료 요구이다. 실제로 도매, 자재 거래처로부터 간이영수증과 같은 매입내역만 있는 등 거의 모든 비용이 증빙이 없는 경우가 있다. 이런 경우 매년 같은 방법으로 세금을 신고하다 보면 신고안내로 이미 전년도 5,000만원 이상의 적격증빙 외의 비용이 장부에 계상되어 신고하였으니 적절하게 신고를 하라는 경고성 안내를 받을 수 있다.

이미 세금계산서와 계산서, 신용카드, 현금영수증 등의 비용이 전산상 기록되는 상황에서 무분별하게 적격증빙 외의 증빙이나 실제가 아닌 비용, 즉 가공비용 등을 계상하여 신고하는 경우 추후 본세 및 가산세가 추징되는 불이익이 있으니 적절한 증빙을 갖추도록 거래형태를 개선하는 것이 중요하다.

4. 과다한 차량비용

사업자의 경우 차량을 취득, 리스, 렌트 등을 통해 비용처리할 수 있다. 개인 소유의 차량도 사업장의 차량으로 사용하면 비용처리를 할 수 있다. 리스나 렌트는 사업장으로 세금계산서, 계산서 등을 수취하게 되는데 사업과 관련 없이 개인적으로 사용하는 차량의 경비를 사업장의 경비로 처리한다면 사실상 탈세를 하는 경우가 될 수 있으니 주의해야 한다. 사업 규모에 비해 많은 수의 차량을 운행하거나 고가의 차량을 소유하는 경우일수록 주의해야 하고 운행일지 작성 시 개인적 용도와 사업용도가 혼재되어 있는 개인사업자의 경우에는 실제 운행내역을 근거로 운행일지를 작성하여 사업용으로 사용한 비율만큼 비용처리가 되도록 해야 한다. 운행일지를 제대로 작성하지 않을 경우 사업과 무관한 비용으로 오인될 수 있으므로 주의해야 한다.

5. 친인척의 고용과 인건비

가족경영을 하는 사업자가 많아짐에 따라 실제 친인척이 근무하고 급여를 받는 경우가 많다. 실제로 근무하고 급여를 받는 것은 전혀 문제가 되지 않지만 과다하게 인건비를 신고하거나 근무하지 않는 친인척의 인건비를 허위로 신고하는 경우 세무조사 시 실제 근무 여부, 급여의 적정성을 점검하여 세금추징 등의 불이익이 발생할 수 있으니 주의해야 한다.

6. 특수관계자와의 거래

친인척, 주주 등으로 연관된 법인 간의 특수관계, 대표이사 또는 주주 개인과 법인의 거래 등 특수관계거래가 있는 경우가 있다. 부당행위계산 부인 규정에 의해 특수관계거래로 부당하게 조세를 경감시키는 경우 거래행위를 부정하고 거래 시가(비특수관계자 간 거래되는 가액)로 소득금액을 계산하는 등의 규정 때문에 고가나 저가의 거래, 과다한 이익을 계상하거나 허위로 거래를 하지 않도록 주의해야 한다. 법인의 경우 법인세, 개인의 경우 소득세, 증여세가 과세될 수 있다.

3장

법인전환

개인사업을 운영하다 어느 정도 규모가 커지고 높은 세율구간을 적용받게 되면 법인전환을 고민하는 것은 당연한 일이다. 또한 최근에는 법인 설립의 문턱이 낮아지고 1인법인 운영 등 관리가 예전보다 수월해져 개인사업을 법인으로 전환하거나 또는 법인과 개인사업자를 병행하는 경우가 많다. 1장에서 법인과 개인사업자를 선택하는 데 있어서 세금, 4대보험의 차이 등을 알아보았다. 3장에서는 법인으로 전환한다는 것은 무엇을 의미하며 실제로 어떤 경우에 어떻게 하는 것인지, 실제 법인전환 시 중요한 정보들을 알아보도록 하자.

I 법인전환을 생각하게 되는 계기

법인전환이란 개인사업자로 운영하던 사업을 독립된 법인이 기업경영상 권리 · 의무의 주체가 되도록 기업의 조직형태를 변경하는 것을 말하며, 법인전환을 위해서는 상법 · 세법 등을 비롯한 각종 법률과 규정에서 요구하는 제반 절차를 수행해야 한다.

1. 많은 세금과 보험료를 납부할 때

현행 개인 종합소득세는 누진세율 구조로 소득이 증가함에 따라 세부담이 증가해 세율은 최고 45%까지, 지방세 및 4대보험까지 더한다면 소득의 절반을 세금 등으로 지출하게 된다. 법인전환을 통해 개인기업으로 발생하던 종합소득세를 법인기업의 법인세와 개인인 대표자의 종합소득세로 나누어 낼 수 있다.

소득이 많은 경우 세금뿐 아니라 국민연금, 건강보험료도 많이 납부히는데 국민연금은 개인의 재산이라고 볼 수도 있지만 건강보험료는 비용이기 때문에 금액이 클수록 더 부담이 되는 것이 사실이다. 건강보험료는 상한선이 없기 때문에 개인기업에서 발생한 소득에 따라 연동하여 납부해야 하므로 법인에서 근로소득으로 받을 때와 차이가 있을 수 있기 때문에 법인전환을 고려하는 요인이 된다.

2. 성실신고 확인대상 사업자가 된 경우

성실신고 확인대상 사업자란 개인사업자 중 일정 수입금액 이상이 되는 경우 적용받는 신고유형으로 해당되어, 법인보다 더 '엄격한' 기준을 적용받는다고 할 수 있으며 관리 역시 법인 못지않게 꼼꼼하게 신경을 써야 한다.

경비 구성내역의 각종 증빙에 관해 상세히 점검하는 내용 등의 성실신고확인서를 별도로 첨부하고 이에 대한 확인비용이 추가적으로 발생하는 등 보통의 개인사업자에 비해 세금신고 시 추가적인 부담이 있다. 개인사업자 소득세신고임에도 불구하고 법인처럼 통장잔액, 주요 매출·매입처, 경비에 대한 적격증빙 수취 여부 등 검토, 특수관계자와의 거래검토 등에 대한 성실신고서를 별도로 작성하여 기존 5월 31일이 아닌 6월 30일까지 신고해야 한다.

현행법상 이미 성실신고 확인대상인 개인이 법인전환을 하는 경우 3년간 '성실법인'으로 법인전환을 하고도 성실신고를 하게 되어 있지만 3년이 지나고 난 후 다시 일반법인과 같이 신고를 할 수 있다.

▶ 성실사업자기준 수입금액

업종별	기준금액
① 농업 · 임업 및 어업, 광업, 도매 및 소매업(상품중개업을 제외), 제122조 제1항에 따른 부동산매매업, 그 밖에 제2호 및 제3호에 해당하지 아니하는 사업	해당년도 수입금액 15억원 이상
② 제조업, 숙박 및 음식점업, 전기 · 가스 · 증기 및 공기조절 공급업, 수도 · 하수 · 폐기물처리 · 원료재생업, 건설업(비주거용 건불건설업은 제외), 부동산개발 및 공급업(주거용 건물개발 및 공급업에 한함), 운수업 및 창고업, 정보통신업, 금융 및 보험업, 상품중개업	해당년도 수입금액 7.5억원 이상

③ 제45조 제2항에 따른 부동산임대업, 부동산업(제122조 제1항에 따른 부동산매매업은 제외), 전문 · 과학 및 기술서비스업, 사업시설관리 · 사업지원 및 임대서비스업, 교육서비스업, 보건업 및 사회복지서비스업, 예술 · 스포츠 및 여가관련 서비스업, 협회 및 단체, 수리 및 기타 개인서비스업, 가구 내 고용활동	해당년도 수입금액 5억원 이상

* 관련법령: 「소득세법 시행령」

3. 입찰 등 운영상 법인의 형태가 필요할 때

사업의 규모가 커질수록 거래 상대방이 법인의 형태를 더 선호하는 경우가 있다. 공기업 입찰의 경우에는 법인에 한정해서 자격을 부여하는 경우도 많다. 개인사업은 개인의 사정에 따라 영향을 받는 경우가 있을 수 있지만, 법인의 경우 별도의 법인격을 가지고 주주의 투자를 받아 만들어진다. 따라서 사업 운영에서 개인 사정(파산, 질병 등)에 따라 변동될 확률이 적으므로 안정적일 수 있기 때문이다. 또한 개인은 자금운용이 자유롭지만 법인은 비교적 회사의 자금운용이 사업목적에 맞게 쓰여야 하고 대표이사가 맘대로 자금을 운용하는 것에 제한을 두고 있어 거래 상대방도 법인회사를 더 안정적으로 느끼는 면도 있을 수 있다. 직원이 많아질수록, 거래처가 많아질수록 규모에 따른 운영이 필요하여 법인으로 전환하기도 한다. 또한 개인사업자의 경우 개인이 모두 책임을 부담하므로 사업이 커질수록 그 부담을 줄이기 위해 법인전환의 필요성을 느끼기도 한다.

4. 투자 확보가 필요할 때

법인의 경우 주주를 모집하여 법인의 투자금을 모집할 수 있으며, 회사채 발행 등 각종 투자의 형식으로 개인사업의 자금조달과 비교하여 용이한 점이 많다. 금융권에서 대출을 받을 때도 개인사업자의 경우 사업주의 신용이 크게 영향을 미치지만 법인의 경우에는 법인의 신용도가 우선되고 대표이사에게 문제가 있는 경우에는 대표이사를 변경하는 것도 가능하다.

5. 그 밖의 경우

기업은 기업의 영속성과 전문경영인 등의 장기적 발전을 위해 법인전환하는 경우가 있다. 또한 기업이 가업상속공제를 받노록 하여 부의 이전 기회를 제공할 수 있기 때문에 법인전환을 고려할 수 있다. 법인전환 시 개인사업으로 보았을 때는 규모가 크지만 법인의 매출규모로는 세무조사대상이 될 확률이 낮아질 수 있고, 금융소득 및 임대소득으로 종합소득세 부담이 큰 사업자, 소유 부동산 가격 상승으로 양도세 부담이 가중되는 사업자 등 법인형태로 사업을 하는 것이 더 유리한 경우가 있다.

Ⅱ 법인전환 시 고려할 사항

1. 공제가능 세무상 이월결손금의 존재 여부

개인사업자의 세무상 결손금은 발생년도 이후 15년간 그 후 사업연도의 소득에서 공제할 수 있으나, 법인으로 전환하는 경우에는 당해 결손금이 전환된 법인에게 승계되지 아니하므로 이를 감안하여 법인전환시기를 결정해야 한다.

개인사업자의 이월결손금은 폐업을 하더라도 향후에 대표이사 등으로 지급받는 근로소득에서 공제되는 사항이므로 잊지 말고 개인소득에서 공제받아야 할 것이다.

2. 세액기간감면 및 이월세액공제 존재 여부

「조세특례제한법」 제31조(중소기업 간의 통합에 대한 양도소득세의 이월과세 등) 및 제32조(법인전환에 대한 양도소득세의 이월과세)의 특례를 적용받을 수 있는 경우에는 잔존감면기간에 대하여 전환법인에서 세액감면을 적용받을 수 있고, 세액이월공제도 전환법인에서 적용받을 수 있다.

따라서 세액의 기간감면 및 이월세액공제가 존재하는 경우에는 「조세특례제한법」 제31조 및 제32조의 특례를 적용받는 법인전환을 적극 검토하여야 할 것이다.

3. 회사의 영업 및 자금상황

법인으로 전환하는 시기는 영업상 문제를 야기시키지 않는 시기를 선택하여 실시하고, 자금수요 측면에서도 해당 기업에 무리가 없는 시기를 예측하여 실시해야 할 것을 계획해야 한다. 즉 개인기업이 영업상 여러 가지 복잡한 상황이 얽혀 있을 경우라든지, 자금상의 문제가 있으면 법인으로 급히 전환할 수가 없기 때문에 영업상황이 안정된 후에 법인으로 전환해야 한다.

4. 영업권 평가

영업권에는 개인이 사업을 영위하면서 그 사업에 관한 영업상의 비법, 신용, 명성, 거래선 등 영업상의 이점 등을 감안하여 적절한 평가방법에 따라 유상으로 취득하기로 한 금액을 포함한다.

이해하기 쉽게 설명하자면, 개인사업의 매출 성과는 사업주의 노하우에 달려 있을 것이다. 예를 들어, 음식점을 이전받을 때도 레시피 및 외부 노출 정도, 고정손님 등을 따져 권리금이 형성된다. 이러한 눈에 보이지 않는 가치를 '영업권'이라는 이름으로 시가 평가하여 계상하여 법인에게 양도할 수 있다.

만약 개인사업자가 수익은 많이 나지만 별다른 자산이 없는 경우 일반적인 방법으로 법인전환을 하면 순자산가액을 법인에게 이전하고 받는 대가(법인 입장에서는 개인사업주에게 줄 돈)가 되는데 자산이 없거나 부채가 큰 경우 개인사업을 법인에게 이전하고도 받는 대가가 작거나 오히려 없을 수도 있다. 부채가 더 크면 오히려 법인에게 돈을 주어야 할 수도 있다. 반대로 수익이 크고 그동안 사업을 키워온 노하우는 있는데 순자산가액을 가지고 평가할 때는 이러한 보이지 않는 노하우가 재무제표에 표시되는 가액이 무형자산인 영업권이라고 한다. 개인사업의 영업권을 평가해서 법인에게 양도하는 경우 개인사업의 재무제표에 부동산이 있다면 양도소득, 없다면 기타소득으로 개인사업주에게 과세된다.

기타소득으로 과세되는 경우에는 필요경비 60%를 비용으로 인정받아 신고하며, 양도하는 귀속연도에 종합소득으로 합산과세된다. 이 경우 세금납부액은 개인의 종합소득세율에 따라서 크게 다를 수 있으니 이때의 세금을 법인전환과정에서 영업권 평가와 함께 고려하여 실익을 따져야 한다.

5. 자산현황 파악

(1) 양도소득세 과세대상 자산이 있는 경우

개인사업자를 법인으로 전환 시 자산이 시가로 평가되어 양도소득세를 납부할 의무가 있다. 법인전환도 세법상 대가를 받고 '양도'하는 개념이기 때문이다. 하지만 당장 자산을 팔아서 그 대가를 받는 것이 아니기 때문에 양도소득세는 부담이 될 수 있다. 이런 경우에는 「조세특례제한법(이하, 조특법)」상 법인전환으로 양도소득세 이월과세를 적용받는 것이 중요할 수 있다.

(2) 취득세 과세대상 자산이 있는 경우

부동산, 자동차 등 취득세 과세대상 자산이 있다면 법인에게 해당 자산을 이전할 때 법인의 입장에서는 새로 취득하는 것이 된다. 따라서 불필요하게 개인이 낸 취득세를 법인전환 후 다시 취득으로 보아 취득세를 납부하는 경우도 「조특법」상 법인전환을 통해 취득세를 75% 감면 적용받는 것이 중요하다(요건을 모두 충족해야 하며, 사후관리대상으로 법인전환 후에 요건 불충족 시 납부하게 됨). 다만, 「조특법」상 법인전환의 비용이 소요되므로 실익을 따져 진행하는 것이 좋다.

6. 법인전환 후 법인자금 인출 고려

개인사업의 간편한 장점 중 하나가 사업에서 난 이익을 통장에서 바로 인출하여 사용할 수 있고 사업용 통장은 개인의 것이기 때문에 자금운용에서 제약을 받지 않는 것이다. 반대로 법인사업을 하면 개인사업과 같은 운용은 힘들기 때문에 법인전환 후 법인에서 자금을 출금하여 사용할 수 있는지 몇 가지 경우를 알아본다.

① 법인전환 시 발생된 사업양도 대가(영업권 평가, 그 외 순자산가액)를 출금할 수 있다.

② 대표이사 등 법인의 근로자로서 급여를 받아 출금할 수 있다.

③ 배당을 받으므로 출금할 수 있다.

현실적으로 법인전환을 하자마자 배당을 받기는 어렵다. 아직 이익잉여금이 확정되려면 시간이 걸리기 때문이다. 따라서 ①, ②의 방법으로 개인이 법인에서 가져갈 수 있지만 결국 장기적으로는 적정한 '급여'의 형태로 법인에서 출금해서 갖고 가는 것이 합리적이다. 배당 등으로 수익을 가져가는 것은 한계가 있기 때문이다.

대표이사의 급여는 법인 입장에서는 비용이며, 대표이사에게는 근로소득이다. 따라서 대표자는 사업장의 월매출 및 업계평균 등을 살펴보고 연봉을 책정하여 월급여를 미리 예상을 하고 세후금액을 법인에서 이체할 수 있다. 만약 법인의 수익을 모두 급여로 가져갈 계획이라면 법인의 당기순이익은 적겠지만 대표자의 소득세는 높은 세율을 적용받아 세금적인 측면에서 유리한 면이 별로 없을 수도 있다.

즉 법인전환 시 대표이사의 급여금액에 따른 소득세와 법인세를 계산해 보고, 전체적인 세액부담을 비교하는 것이 중요하다.

7. 4대보험료의 차이

많은 개인사업자들이 법인전환을 하게 되는 계기 중의 하나가 바로 4대보험료이다. 개인사업자 소득이 많은 경우에는 사업주의 건강보험료가 개인사업장의 소득금액에 따라 증가하여 수익 중 세금과 보험료 증가로 부담이 더 크다고 느낄 수 있기 때문에 개인사업자의 수익성과 법인의 수익성을 비교 판단하게 된다.

법인전환을 통해 4대보험료 부분의 부담을 구조적으로 해소할 수 있다. 법인의 대표이사로 급여를 받는 경우는 일반근로자와 마찬가지로 급여에 따라서 보험료를 납부하고 연말정산도 하며 보험료도 정산된다. 법인의 소득이 개인의 건강보험료 등에는 영향을 미치지 않고 '총급여액'이 보험료 산출기준이 되기 때문이다. 다만, 대표자 급여가 개인사업자의 소득만큼 된다면 개인과 법인사업자의 4대보험 차이가 없을 수 있다.

8. 법인전환 시 개인사업에서 승계되는 것과 승계되지 않는 것

(1) 법인전환 시 모든 인적 · 물적 권리의무가 승계된다

기본적으로 법인전환에 따라 개인사업자의 인적 권리의무와 물적 권리의무가 승계되므로 법인전환 시 이를 고려해야 한다. 개인의 경우 추계신고하거나 간편장부로 소득세신고를 하는 등 기장이 꼼꼼하게 이루어지지 않은 경우 자산 부채 목록이 장부상 정확하지 않은 경우가 있으므로 법인전환이 예상되는 경우 결산 시 유의해야 한다.

(2) 직원 및 퇴직금의 승계

승계받은 직원의 퇴직금 또한 승계되며 근속연수 산정 시 입사일은 법인전환 전의 개인사업자 입사일이 된다. 4대보험의 경우 입 · 퇴사한 것과 마찬가지로 상실 후 다시 취득신고를 하고, 연말정산 시에도 개인, 법인 복수 사업장의 소득을 합산하여 진행하여야 한다.

(3) 자산, 부채 승계

승계받은 외상매출금, 외상매입금 등은 당연히 승계된다. 대출, 리스 등 부채를 승계하는 경우 미리 관련 금융기관과 상의하여 법인전환 시 차질이 없도록 하는 것이 좋다.

사업과 관련한 일부 자산 · 부채를 승계하지 않는 경우 포괄양도양수 또는 「조세특례제한법」상 특례에 해당하는 법인전환(조특법 제31조, 제32조 해당) 요건에 부합하지 않을 수 있으므로 주의가 필요하다. 재무제표에서 승계받지 아니한 개인의 종합소득세는 법인에서 납부의무가 없다.

(4) 개인사업자의 이월결손금은 승계되지 않는다

개인사업자에서 법인으로 전환되는 것뿐이지 개인사업자의 소득세에서 발생한 이월결손금은 법인사업자의 이월결손금으로 승계할 수 없다.

(5) 개인사업자의 이월세액공제

개인사업자의 이월된 세액공제액과 잔존감면기간은 「조세특례제한법」상 특례에 해당하는 법인전환(조특법 제31조, 제32조 해당)을 하는 경우 전환된 법인에서 적용이 가능하다. 따라서 세액공제, 감면을 승계하고자 하는 경우 요건에 맞는 법인전환을 준비하는 것이 중요하다.

9. 그 밖의 고려사항

여러 명의 주주 또는 이사가 있는 경우 의사결정을 하기 위해서 주주총회 또는 이사회결의를 거쳐야 하기 때문에 법인이 개인기업보다 의사결정일이 지연될 수 있다. 또한 개인은 「소득세법」에 의해 신고하고 법인은 「법인세법」에 의해 신고하므로 법인의 경우 좀 더 복잡할 수 있고, 법인은 법인 중요사항이 변경되는 경우 법인등기부등본을 변경해야 한다. 또한 법인은 개인사업자보다 제반 유지비용 등이 더 발생한다. 예를 들어, 세무비용, 등기비용, 감사비용 등을 들 수 있다.

Ⅲ 법인전환 방법의 선택

법인전환에는 세 가지의 방법이 있다. 이는 「부가가치세법」상 포괄양수도(사업양도 · 양수)에 의한 법인전환, 「조세특례제한법」상 포괄양수도 법인전환과 현물출자에 의한 법인전환(조특법상 법인전환)으로 분류된다. 이하에서는 법인전환의 세 가지 방법과 신규법인 설립에 대해서 설명하고자 한다.

1. 부가가치세법상 포괄양수도 법인전환

(1) 부가가치세법상 포괄양도양수란?

「부가가치세법」상 포괄양수도는 세법상 명문규정으로 말하는 재화의 공급으로 보지 않아 부가가치세 과세대상이 아니므로 세금계산서 발행의무가 없다. 그 조건은 사업장별로 모든 권리(자산)와 의무(부채)가 포괄적으로 양도된다. 사업에 관한 인적설비(종업원), 물적 설비(설비, 기계장치 등)를 전부 승계하는 것을 원칙으로 하지만 일부 자산, 부채를 제외(미수금 및 미지급금 등)하는 것도 인정해 주는 경우가 있기 때문에 법인전환 시 고려해야 한다.

주의사항으로는 과세사업의 범위 내에서 양수도 이후 변경, 추가, 정정이 가능한 경우가 있다. 하지만 양수도시점에는 분명히 업종이 유지되어야 하며 양수도 이후 면세사업을 추가하는 것은 포괄양수도가 인정되지 않는다. 또한 간이과세자의 사업장을 일반과세자가 포괄양수도받는다고 하더라도 「부가가치세법」상 재화의 공급인 과세대상으로 본다는 점을 유의해야 한다.

(2) 부가가치세법상 포괄양수도 방법

특별한 상황이 없는 경우 우리 주변에서 가장 흔하게 볼 수 있는 형태의 법인전환이다.

법인전환 외에도 개인 간 사업장의 설비, 직원들을 함께 양도양수하는 경우(권리금을 받고 사업장을 양도 후 폐업하는 경우 등)도 같은 범위의 포괄양수도라고 한다. 특히, 부동산이나 동산이 없고 재고자산만 있는 경우 포괄양수도 방법으로 법인전환한다.

2. 조세특례제한법상 법인전환(세감면 포괄양수도, 현물출자 법인전환)

법인전환을 하는 경우 개인사업자의 세액감면을 적용받는다든지, 양도세소득세 이월과세, 부가가치세 면제, 취득세 감면 등의 혜택을 적용받아 진행하기 위해서는 「조세특례제한법」상 요건을 충족해야 한다. 이에 따라 법인전환은 세감면 포괄양수도와 현물출자가 있다.

(1) 조특법 법인전환의 조세지원

양도소득세이월과세, 취득세감면, 개인기업 조세감면 승계 등의 조세지원효과가 있다.

(2) 출자방법에 따른 분류

- **세감면 포괄양수도 법인전환:** 개인기업의 자산 · 부채의 차이를 현금으로 출자 후 사업양수도
- **현물출자 법인전환:** 개인기업의 사업용 자산 등을 현물로 출자하여 사업양수도

(3) 법인전환 요건

세감면 포괄양수도 법인전환 요건 다섯 가지는 아래와 같다.

- 법인전환을 하는 개인사업주는 국내 주소를 두거나 1년 이상 거소를 둔 개인이어야 하며, 비거주자는 조세혜택대상이 아니다. 다시 말해 거주자가 사업주인 개인사업장을 법인전환할 수 있다.
- 사업에 직접 사용하는 유형 · 무형의 자산을 말하며, 해당 고정자산을 법인 설립일부터 3개월 이내에 현물출자해야 한다.
- 개인사업을 운영하던 개인사업주가 발기인이 되어야 한다.
- 업종요건이 있으며, 호텔업이나 주점업 및 오락 · 유흥 등을 목적으로 하는 사업인 소비성 서비스업은 적용받을 수 없다.
- 개인사업장의 순자산가액(자산가액－부채가액) 이상을 출자하여야 한다. 즉 자본금이 개인사업장의 자산에서 부채를 제외한 가액 이상을 현금으로 넣어야 한다.

현물출자 법인전환 요건 여섯 가지는 아래와 같다.

- 포괄양수도 법인전환 요건과 같이 법인전환 당사자는 개인사업주인 거주자이어야 한다.
- 사업에 직접 사용하는 유형·무형의 자산을 말하며, 해당 고정자산을 법인 설립 시 현물출자해야 한다.
- 포괄양수도 법인전환 요건과 같이 개인사업을 운영하던 개인사업주가 발기인이 되어야 한다.
- 업종요건이 있으며, 호텔업이나 주점업 및 오락·유흥 등을 목적으로 하는 사업인 소비성 서비스업은 적용받을 수 없다.
- 개인사업장의 순자산가액(자산가액－부채가액) 이상을 출자하여야 한다. 즉 자본금이 개인사업자의 자산에서 부채를 제외한 가액을 자본금으로 출자하는 것이다.
- 검사인의 보고 등이 필요하다(법인 설립에 대하여 검사인의 보고를 받아야 하나, 부동산에 대해 감정평가사의 감정과 자산, 부채에 대해 공인회계사의 자산부채 실사로 검사인의 보고를 갈음할 수 있음).

* 양도소득세의 이월과세를 적용받고자 한다면 사업 양수도한 날이 속하는 과세연도의 과세표준신고 시 이월과세적용신청서를 세무서에 제출해야 한다.

(4) 법인전환 사후관리

법인 설립등기일부터 5년 이내에 다음 사유가 발생한다면 사유발생일이 속하는 달의 말일부터 2개월 이내에 세제혜택에 대한 부분을 납부해야 한다.

- 설립된 법인이 승계받은 사업을 폐지하는 경우
- 거주자가 법인전환으로 취득한 주식 또는 출자지분의 50% 이상을 처분하는 경우

3. 신규법인 설립방법

신규법인 설립 후에 개인사업장의 사업의 일부를 양도 · 양수할 수 있으며, 이와 같은 방법은 세감면 포괄양도양수에 해당하지 않는다.

- 새로운 법인을 설립하여 사업을 시작하는 이유는 인적설비(종업원 포함)를 승계하지 않거나, 주요 물적 설비를 승계하지 않는 경우, 포괄양수가 아닌 사업을 양수도하는 경우, 사업장의 위치를 바꾸어 법인을 하는 경우, 인적 · 물적 설비 중 주요 부분을 인수하지 않는 경우 등으로 볼 수 있다.
- 개인사업자들이 향후 자산을 처분할 계획이거나 일정자산을 법인명의로 이전하는 것을 꺼리는 경우 및 주요 사업용 자산을 제외하고 사업양수도를 한다면 「부가세법」상 포괄양수도에 해당하지 않고 법인전환이 아닌 신규법인을 설립하여 사업을 양수도하는 것이다. 개인사업자가 법인사업자로 전환이 세법적으로 인정되는 것이 아니기 때문에 개인기업의 실적 등을 이어서 평가받기는 어렵다.
- 절차는 가장 단순하고 쉬우며, 신규법인 설립에 자본금 등에도 제한이 없고 개인과 법인의 계속성이 없다. 한마디로 개인의 실적을 이어가는 것이 아닌 새로운 법인이 탄생하고 개인의 사업을 인수하는 것이다.

* 법인 설립 후 개인사업(전부 또는 일부)을 양도 · 양수 시 부가가치세법상 포괄양도양수에 해당하지 않는 경우 세금계산서를 발행해야 한다.

tips!

혜택과 법인 설립의 비용의 크기는 비례하며, 해당 내용의 비교 등은 아래와 같다.

- 조특법상 현물출자 법인전환>조특법상 포괄양수도 법인전환>부가세법상 포괄양수도 법인전환>일반법인 설립 사업양수도

구분		법인전환 방법	법인전환 혜택	법인전환 특징
부동산이 없는 경우		일반(포괄) 사업 양수도	영업권 평가를 활용한 절세	부동산이 없는 경우에는 양도소득세, 취득세 등의 문제가 없으므로 일반사업 양수도 방식이 유리, 법인전환 방식이 쉬움
부동산이 있는 경우	순자산가액 이상의 현금이 있는 경우	조특법상 포괄사업 양수도	양도 소득세 이월과세 취득세 면제	세액감면을 적용받으려면 개인기업의 순자산가액 이상의 자본금이 법인에 납입되어야 하므로 유동성이 풍부한 경우 세감면사업 양수도 방식으로 유리, 전환방식이 어렵고 3개월 내에 진행됨
	순자산가액 이상의 현금이 없는 경우	조특법상 현물출자	양도 소득세 이월과세 취득세 면제	개인기업의 순자산가액의 이전을 통해 자본금 납입 없이 진행할 수 있으며, 유동성의 문제가 없이 세감면사업 양수도 방식으로 유리, 전환방식이 어렵고 법원 등에서 통과되어야 하므로 기일 오래 걸림
	부동산을 승계하지 않는 경우	일반 (포괄) 사업 양수도	영업권 평가를 활용한 절세	부동산을 제외하고 일반사업 양수도 방식으로 법인전환하고 개인은 부동산임대업으로 등록하고 법인기업에 개인부동산을 임차하는 방식, 법인전환 방식이 쉬움

Ⅳ 법인전환 일정

법인전환 진행 시 법인 설립을 진행하는 과정에서 해야 하는 일련의 과정을 다음과 같이 확인해 보자.

1. 법인전환 시기, 방법의 결정

법인전환을 하는 경우 어떤 법인전환을 할 것인지 선택해야 한다. 따라서 전환의 목적 및 의도가 확정되면 「부가세법」상 포괄양도양수로 할 것인지, 「조특법」상 법인전환으로 할 것인지, 개인의 사업만 이전하는 새로운 법인의 설립으로 할 것인지 판단할 필요가 있다.

법인전환 시기에 따라 사업 운영에 따른 소득이 개인, 법인으로 나누어지므로 법인전환을 하는 해의 소득 분산에 따른 세금절감효과도 기대할 수 있다. 예를 들어, 1월부터 12월까지 1년간의 사업연도 중 6월까지 개인으로 운영하고 7월부터는 법인으로 운영하는 경우 1월부터 6월까지는 개인의 소득으로서 종합소득세를, 7월부터 12월까지는 법인의 소득으로서 법인세를 납부하게 된다.

tips!

법인전환일과 부가가치세 신고기준일을 일치시키면 한 번의 신고로 평소에 실시하는 부가가치세신고와 폐업에 따른 부가가치세신고를 함께 마칠 수 있어 편리하다.

2. 개인기업 결산

법인전환 시 법인의 장부를 결정하는 개인기업의 순자산평가액을 추정하여야 한다. 따라서 개인기업의 자산과 부채를 정리하고 법인에 전환하는 재무제표를 작성해야 한다. 일반적으로 감정평가사에게 영업권을 평가하도록 하여 해당 권리를 법인에게는 무형자산으로 계상하며, 영업권을 양도하는 개인에게는 기타소득(양도소득)으로 과세한다.

3. 자본금 결정

일반적인 법인 설립 후 「부가세법」상 포괄양수도로 전환하는 경우에는 법인의 자본금은 자율적으로 설정할 수 있다. 세감면을 적용받고자 하는 포괄양수도의 경우에는 개인기업 결산에 따라 자산과 부채의 차이 금액인 순자산가액 이상을 현금으로 불입해야 한다. 현물출자를 하는 경우에는 위의 개인기업 결산에 따라 자산과 부채의 차이 또는 그 이상을 자본금으로 설정해야 하며, 현물출자이기 때문에 결산에 따른 자산과 부채(평가 후)를 승계하는 것으로 자본금을 추가 불입하지 않을 수 있다.

4. 사업양도양수 등의 계약

법인전환의 방법을 결정한 후 개인기업 결산, 자본금 결정을 했다면 사업양도양수계약서 또는 현물출자보고서 등을 작성하여 법인전환관련 계약서를 국세청에 제출해야 한다.

5. 법인의 사업자등록 신청 및 법인영업 개시

「조세특례제한법」상 법인전환에 따른 현물출자의 경우에는 법인등기가 늦기 때문에 사업자등록을 할 때 법인등기 없이 현물출자관련 서류를 제출하여 사업자등록증을 받고 법인영업을 개시할 수 있다. 법인전환 시 법인등기는 한 달 이상이 걸리므로 사업자등록 시 제출되어야 하는 법인등기부등본을 사후 보완을 통해 제출한다. 일반적인 법인 설립의 경우에는 법인등기 발급 후 사업자등록 신청을 할 수 있다.

6. 그 밖의 사항

개인은 법인전환 후 부가가치세를 신고해야 하며, 폐업신고도 진행해야 한다. 개인기업에 근로자가 있는 경우 개인기업의 폐업시기에 원천징수이행상황신고 및 지급명세(연말정산)를 제출해야 할 것이다. 법인 설립 후 개인기업의 근로자를 법인기업에서 인수하여 원천징수이행상황신고를 진행하면 된다.

▶ 개인사업자 법인전환(현물출자) 발기설립하는 경우 일정

<table>
<tr><td rowspan="6">구분</td><td>법인명칭 정하기</td><td>내용</td></tr>
<tr><td>설립형태 정하기</td><td></td></tr>
<tr><td>본점소재지 확정하기</td><td>중과지역 여부 확인해야 함</td></tr>
<tr><td>발기인(1인주주) 겸 대표이사 확정하기</td><td></td></tr>
<tr><td>사내이사(주식 없는 사람) 지정하기</td><td></td></tr>
<tr><td>설립 자본금(개인사업자 순자산가액 이상)으로 계상하기</td><td></td></tr>
<tr><td>일정</td><td>사전조사 현물출자 검토</td><td>부동산 등에 대해 감정 등 사전준비</td></tr>
<tr><td rowspan="5">1</td><td>정관작성</td><td rowspan="5">발기인이 정관작성하여 1주 이상 인수하였을 때 설립 중의 회사가 됨(대판90누2536등)</td></tr>
<tr><td>주식발행사항결정일</td></tr>
<tr><td>발기인총회일(사내이사 선임)</td></tr>
<tr><td>출자납입(현물출자이행)기일</td></tr>
<tr><td>설립경과조사보고일</td></tr>
<tr><td rowspan="5">2</td><td>현물출자계약서 체결일</td><td>부동산소유권이전 등기원인일</td></tr>
<tr><td>가. 현물출자 전환기준일(부동산, 회계 감정기준일)</td><td>세법상 현물출자일(순자산가액 기준일)(예외: 계약체결일 이전일자로도 한 경우 있음)</td></tr>
<tr><td>나. 현물출자계약서 효력발생일</td><td>전환기준일</td></tr>
<tr><td>다. 법인사업자 개업일 확정하기</td><td>전환기준일</td></tr>
<tr><td>라. 개인사업자 폐업일 확정하기</td><td>사업의 동일성 · 영속성 유지, 폐업일 다음날 법인개업</td></tr>
<tr><td rowspan="2">3</td><td>부동산감정평가서 작성일</td><td>위임인 이사, 감정기준일은 전환기준일로 함</td></tr>
<tr><td>회계감사보고서 작성일</td><td>위임인 이사, 감정기준일은 전환기준일로 함</td></tr>
</table>

4	법인사업자등록 신청	법인등기부등본 제출
	개인사업자 폐업신고	
	개인사업자 부가세신고	
5	발기설립조사 인가신청일	
	법원인가일	법원
6	법인등록세신고	등록세 중과
	법인설립등기 접수일(설립효력발생일)	실질적 부동산취득일=양도일(대판98두7558)
	법인설립등기 완료	
7	사업장 양수도신고	• 양도신고(개인): 개인 관할구청 • 양수신고(법인): 법인 관할구청
8	부동산취득세신고(감면신청)	취득세 중과기준 75% 감면
	부동산소유권이전등기 접수일	법무사(물건지별 각 등기소)
	부동산등기완류	
9	양도소득세 이월과세 신청 등 세무처리	법인등기일이 속하는 달의 말일부터 2개월 내
10	사후관리	2년, 5년 의무기간 준수 등

tips!

법인전환 시 영업권

영업권이란 “기업이나 기업의 어떤 권리 또는 다른 자산에서 별도로 인식되지 않는 자산집합을 이용함으로써 발생되는 미래의 모든 경제적 이익”으로 정의되며, 쉽게 말한다면 현재 기업의 재무제표상 나타나지 않은 영업적인 가치를 평가한 금액이라고 볼 수 있다. 통상적으로 쓰이는 단어인 권리금과 비슷한 맥락으로 해석할 수 있으며 이러한 권리금을 세법상 영업권이라고 할 수 있다. 개인사업자가 법인으로 전환할 때 인식하는 경우 법인에게 개인기업의 가치를 평가하여 양도하는 것이 가능하다. 이에 대한 감정평가를 「상속세 및 증여세법」상 세무사가 직접 평가를 하거나 감정평가사에게 평가를 의뢰하여 산출할 수 있다. 이런 영업권의 평가로 발생되는 개인사업자와 법인사업자의 세무처리에 대해 알아보고자 한다.

1. 부가가치세

개인사업자에서 법인사업자로 「부가가치세법」상 포괄양수도되었다면 세금계산서 미발행대상으로 부가가치세가 과세되지 않지만 포괄양수도의 요건에 맞지 않는다면 과세대상으로 양도자인 개인사업자가 세금계산서를 발행하여 부가가치세를 신고납부해야 할 수 있다. 이 경우 부가가치세를 양수자에게 징수하여 납부해야 한다.

2. 양도소득세 및 종합소득세(기타소득)

개인사업장에 부동산이 있다면 영업권은 양도소득세의 과세대상으로 개인사업주는 양도세를 납부해야 한다. 그렇지 않은 경우에는 기타소득으로 보아야 하며, 법인사업장에서 개인사업주에게 기타소득을 지급하면서 원천징수하고 기타소득금액 300만원을 초과하는 경우 종합과세로 합산하여 신고한다.

3. 법인세

법인에서는 영업권을 개인사업주에게 양수한 무형자산으로 판단하기 때문에 감가상각자산으로 5년간 상각하여 경비처리할 수 있다.

Ⅴ 법인사업자의 주의사항

법인은 개인사업의 운영과는 다른 점들이 있다. 법인의 사업 운영상 주의할 점들을 알아보자.

법인은 개인사업주가 마음대로 사업을 운영하던 것과는 다른 점들이 있다. 이러한 제한을 견딜 수 없다면 처음부터 법인을 하지 않는 게 낫다.

1. 법인통장의 무분별한 인출, 대표이사의 자금 유용

법인통장은 개인사업과느 다르게 '내 통장이' 아니다 법인통장에 잔고가 많이 있어도 급여, 비용, 세금과 공과 등 증빙이 있는 경우가 아니라면 인출 시 가지급금이 생길 수 있다. 법인설립 시 자본금 납입증명을 제출 후 법인통장에 자본금을 입금하지 않는 경우, 대표이사가 법인의 통장에서 가사관련 지출을 하거나 이유 없이 많은 금액을 인출하는 경우에도 개인적인 사용으로 간주되어 가지급금이 될 수 있다.

1인 법인이라 하여도 법인자금 사용에 대해 급여, 상여 등 근로소득으로 세금을 납부하게 될 뿐 아니라 여러 가지 법상 문제가 될 수 있으니 별도의 법인격을 가진 법인통장은 개인통장처럼 개인의 용도로는 사용할 수 없고 대표이사도 법인의 직원이라는 것을 기억해야 한다.

2. 개인용도의 통장사용

개인사업자의 경우 사업용 통장일지라도 개인적인 용도의 사용이 안 되는 것은 아니다. 개인의 사업용 통장에서 매출, 매입 등 사업내역을 사용하는 것이 중요하지, 용도의 제한이 있는 것은 아니기 때문이다. 하지만 법인통장의 경우에 개인용도로 사용을 하게 되는 경우 매출누락의 소명을 받거나 잔액이 부족한 경우 가지급금이 생길 수 있다.

3. 올바른 주주 구성

2000년 초반까지만 해도 주주를 한 명으로 할 수 없었기 때문에 본인 외의 사람의 명의를 차용해서 주주로 만들었고 이제는 그 주식을 본인명의로 환원해야 하는데 세금폭탄을 맞는 경우 등이 있다. 물론 구제를 해주는 방법도 있지만, 「상법」상 한 명을 주주로 해도 되는 시점에도 차명주주를 만들었다면 구제방법이 없다. 결국 차명주식을 만들어서 배당에 대한 소득세 회피 등을 이용하고 추후에 그 차명주식을 본인명의 주식으로 환원하는 과정에서 많은 세금이 발생하므로 주주명의를 차명이 아닌 본인명의로 하는 것을 추천한다.

tips!

가지급금 vs 가수금

- 가지급금이란?
  가지급금의 정의는 미확정된 지급금이라는 내용으로 법인의 입장에서는 자산(받을 돈)이다. 기말 결산까지는 특정계정과목으로 분류해야 하는 임시계정이다.

※ 사실상 우리가 가지급금이라는 명칭을 사용할 때는 대표이사나 특수관계자가 법인의 통장에서 임의로 인출한 금액이 있을 때 사용한다.
대표이사나 특수관계자가 가지급금이 있는 경우(귀속이 불분명할 때도 대표이사 가지급금으로 처리) 기말에 적정이자율에 따른 이자를 입금하고 법인의 수익으로 계상을 해야 한다.

• 가수금이란?

가수금은 가지급금과는 반대되는 계정이라고 볼 수 있다. 법인의 재무제표상 '부채(줄 돈)'로 법인에게 돈을 빌려준 것이라고 볼 수 있다. 이 역시 임시계정으로 기말에 결산 시에는 다른 계정으로 대체해야 한다.

※ 가수금은 보통 법인이 손실이 나거나 자금이 부족한 경우 법인통장에 매출이 아닌 다른 현금이 입금되었을 때 많이 발생된다. 비용이나 급여가 나가야 하는데 법인통장에 돈이 없어 대표이사나 특수관계자가 돈을 입금하여 생기는 경우이다.
가수금의 경우에는 별도로 이자를 입금하거나 계상해야 하지만 실무적으로 이자를 주지 않아도 무방하다. 법인에서 돈을 빌렸을 때는 반드시 이자를 입금해야 하고, 법인에게 돈을 빌려줬을 때는 법인의 손실이 아닌 이득이므로 무방하다 할 수 있다.

▶ **대표이사 가지급금 처리방법**

① 급여 및 상여금을 받아 변제한다.

② 법인에서 배당금을 받아 변제한다.

③ 퇴직금을 받아 변제한다.

④ 법인에 대인 부동산을 매각해 변제한다.

⑤ 주식 지분을 매각해 변제한다.

⑥ 가지급금 발생 원인 분석 및 오류를 수정한다.

VI 사업의 종료

사업을 시작하고 종료를 해야 할 때 보통 개인사업자는 폐업신고로 종료가 되며 법인은 사업장의 폐업 외에도 법인격 소멸을 위해 해산 및 청산의 과정이 필요하다.

사업의 종료과정인 폐업의 과정 및 주의사항과 법인 정리과정을 살펴보자.

1. 폐업

폐업이란 사업장을 폐지하는 것을 의미한다. 여러 개의 사업장 중에 일부를 폐업하는 경우도 있으며 법인전환을 위해 폐업을 하는 등 여러 가지 사유들로 폐업을 할 수 있고 폐업신고 시 사유를 기입한다. 사업자가 휴업이나 폐업신청을 하기 위해서는 사업자등록증을 첨부하여 사업장 관할세무서 또는 가까운 세무서에 방문하여 제출하거나 모바일로도 신청할 수 있고 국세청 홈택스앱의 신청/제출 메뉴 또는 모바일 민원실에서도 휴폐업신고를 할 수 있다. 폐업신고 이후 폐업사실 증명원을 발급받는 경우 폐업 취소가 어렵고 폐업 이후에는 세금계산서를 발급받는 것이 어려우므로 사업의 정리를 신중히 하고 폐업신고를 하는 것이 바람직하다.

(1) 폐업 시 부가가치세신고

폐업신고 후 다음달 25일까지 부가가치세신고를 해야 한다. 기존 사업을 운영하며 고정자산 매입이 있었거나 사업종료 시 남은 재고가 있다면 재화의 공급으로 간주되어 세액납부가 추가적으로 있을 수 있기 때문에 검토가 필요하다. 폐업 시 부가가치세신고를 하지 않거나 과소신고를 하게 되면 무신고가산세 및 납부불성실가산세, 과소신고가산세 및 납부불성실가산세가 부과되므로 기한 내에 신고하여야 불이익이 없다. 실무적으로는 폐업 시 세금계산서 발급, 간주공급 등의 검토를 위해 폐업부가세신고 이후 폐업신고를 한다.

tips!

영업권을 양도하는 경우 양도인이 양수인에게 세금계산서를 발행해야 한다. 법인의 경우 법인세신고 시 소득에 포함되며, 개인의 경우 기타소득으로 분류되고 양수자가 원천징수 · 납부하게 된다. 만약 사업의 포괄적 양도에 해당하는 경우라면 세금계산서를 발행할 필요는 없다.
폐업, 사업장 이전 시 임대차계약상 원상회복을 위한 비용을 지출하게 되는 경우에는 경비로 인정받을 수 있기 때문에 이에 대한 증빙을 남겨놓는 것이 좋다.

(2) 인건비신고가 있는 사업장의 폐업

직원이 있는 경우 4대보험 상실신고와 사업장탈퇴신고를 해야 하고, 폐업일이 속한 달의 다음달 10일까지 원천징수이행상황신고서를 제출해야 한다. 지급명세서, 간이지급명세서는 폐업일이 속하는 달의 다음달 말일까지 제출하여야 한다.

(3) 사업개시일부터 폐업일까지 소득에 대한 신고

과세기간 개시일부터 폐업일까지 소득에 대한 종합소득세 또는 법인세신고를 해야 한다. 부가가치세신고와 달리 법인세(과세기간 1/1~12/31인 경우) 및 소득세신고는 다음해에 이루어지기 때문에 신고를 누락하지 않도록 주의해야 한다. 법인은 다음해 3월 31일까지 법인세신고를 해야 하고 개인사업자라면 5월 31일까지 다른 소득과 합산하여 종합소득세 신고 · 납부를 완료해야 한다. 만약 성실신고대상자라면 6월 말일까지 신고 · 납부해야 한다.

2. 해산 및 청산

법인의 경우 다시 같은 법인으로 사업을 할 예정이 없는 경우 등 폐업 이후 법인격을 소멸하기 위해서는 해산과 청산절차를 밟아야 한다.

(1) 의제사업연도에 대한 법인세

법인이 사업연도 중에 해산하는 경우에는 법인 사업연도 개시일부터 해산등기일까지의 기간과 해산등기일 다음날부터 정상적인 사업연도 종료일까지의 기간을 각각 1사업연도로 본다. 해산 후 청산 중에 잔여재산가액이 확정되는 경우 해산일 또는 그 사업연도 개시일부터 잔여재산가액이 확정되는 날까지의 기간을 1사업연도로 본다.

해당 1사업연도인 의제사업연도 종료일이 속하는 달의 말일로부터 3개월 이내에 법인세를 신고 · 납부하면 된다.

(2) 청산소득에 대한 법인세

법인이 해산하는 경우 잔여재산가액에서 해산등기일 현재의 자본금과 잉여금의 합계를 공제한 금액(청산소득)에 대하여 잔여재산가액의 확정일이 속하는 달의 말일로부터 3개월 이내에 법인세를 신고 · 납부한다.

(3) 기타사항

법인의 해산 · 청산 이후에 국세 등의 미납이 있고 잔여재산을 분배 또는 인도받은 때에는 그 법인에 대해 체납처분된 금액을 청산인 또는 잔여재산을 분배 또는 인도받은 자는 재산가액 한도로 제2차 납세의무를 부담한다.

해산 · 청산 법인의 주주가 그 법인 잔여재산 분배로 취득하는 재산가액이 당해 주식 등을 취득한 가액을 초과한다면 의제배당으로 보아 소득세 또는 법인세대상이 된다.

Q A

Q 개인사업자에서 법인전환 후 개인은 소득세신고를 하지 않아도 되나요?

A 법인전환 후 대표자는 근로소득대상이므로 누진세율 적용을 받고 연말정산 대상입니다. 따라서 법인으로 전환한다고 소득세를 납부하지 않는 것은 아니며, 근로소득 외에 타 소득이 있으면 5월에 종합소득세신고를 해야 합니다. 대부분 사업연도 중간에 법인전환을 하게 되므로 법인전환 이전까지 개인사업소득은 대표이사 급여, 영업권을 양도하는 경우 기타소득과 합산하여 다음해 5월에 종합소득세신고를 하게 됩니다.

Q 영업권은 어떻게 평가하나요? 세금이 많이 나오나요?

A 영업권의 경우 감정평가사에게 의뢰하여 평가하는 방식과 세법상 산식에 따라 계산하는 방식이 있습니다. 상황에 따라 평가금액이 달라질 수 있으므로 사전에 검토가 필요합니다. 영업권을 부동산과 함께 양도하는 경우에는 기타소득이 아닌 양도소득으로 분류되므로 영업권 양도에 대한 주의가 필요합니다. 기타소득으로 분류되는 경우 필요경비가 60% 인정됩니다. 반드시 영업권을 양도하기 전에 소득 분류와 양도에 따른 세부담에 대하여 면밀한 검토를 거친 후 진행해야 합니다.

Q 일부 자산, 부채를 제외하거나 일부 인력을 제외하고 법인전환을 하는 것도 가능한가요?

A 포괄양수도란 모든 포괄적인 인적 · 물적 시설을 양수도하는 것을 의미합니다. 세법상 일부 미수금, 미지급금, 사업과 관련이 없는 부동산을 제외하고 포괄양도양수가 가능하지만 사업과 관련이 있는 자산이나 부채를 제외하거나 인력을 제외하고 법인전환을 하는 경우 포괄양도양수 조건이 되지 않아 부가가치세를 납부하게 되거나 조특법상 법인전환으로서 요건을 갖추지 못할 수 있으므로 유의해야 합니다.

Q 부동산 유무에 따라 법인전환을 어떻게 하면 좋을까요?

A 부동산이 없는 경우 양도세 및 취득세 부담이 없으므로 조특법상 법인전환이 아닌 보다 간편한 방식의 일반 사업양수도를 통한 법인전환을 많이 하며, 사업용 부동산이 있는 경우 양도세 및 취득세의 부담으로 세감면 포괄양수도, 현물출자방식 등을 이용하게 됩니다.

Q 창업감면을 받는 개인사업자인 경우 법인전환을 하면 무조건 같은 감면을 받을 수 있나요?

A 창업감면을 받고 있는 개인사업자의 경우 조특법상 세감면 포괄양수도 또는 현물출자방식으로 법인전환을 해야 남은 잔존기간(개인사업자에서 창업감면을 받고 남은 기간) 동안 창업감면을 적용받을 수 있습니다.

Q 법인전환 후 대표이사 등 임원의 보수는 어떻게 책정하나요?

A 대표이사 등 임원의 급여에 대해서는 법적으로 한도를 정해놓지는 않았습니다. 하지만 비정상적인 보수금액의 경우 손금으로 인정받지 못하는 사례가 있으므로 법인의 보수 지급규정을 통해 급여, 상여의 범위와 한도를 정해놓는 것이 좋습니다. 법인의 정관에는 임원의 퇴직금 등에 대한 규정을 미리 하는 것이 중요하며 간혹 보수를 지급하지 못하는 경우에도 정관에 임원에 대한 무보수 규정이 있는 경우 보수를 지급하지 않을 수 있습니다.

4장

업종별 세무관리 포인트

법인세, 소득세, 부가가치세, 원천세에 대한 전반적인 규정은 같지만 업종별 특성에 따라 꼭 알고 관리해야 하는 점들이 있다.
업종별 특징에 따른 사업자등록부터 매출(수입금액)과 매입 등 비용관리, 관리상 주의할 점과 절세 포인트를 알아보자.

1. 제조업

(1) 사업자등록

제조업의 경우 사업자등록 신청 시 바로 등록증이 나오지 않고 사업내용에 대한 확인 요청 또는 시설에 대한 실사가 나올 수 있기 때문에 사업자등록 시 주의가 필요하다.

제조업은 간이사업자를 선택할 수 없으며 임가공업 역시 제조업에 포함된다. 과자점, 도정업과 제분업(떡방앗간 등), 양복점, 양장점, 양화점업 등 최종소비자에게 직접 재화를 공급하는 경우에는 간이사업자가 가능하다.

타 제조업자에게 외주, 위탁가공 등을 하여 판매하는 경우 도·소매업에 해당된다.

다만, 다음의 모두를 충족하면 제조업으로 본다.

- 생산할 제품을 직접 기획
- 자기 소유의 원재료를 계약업체에 제공
- 제품을 자기 명의로 제조(자기 상표부착방식)
- 해당 제품을 인수하여 자기 책임하에 판매하는 경우

(2) 매출

제조업은 「부가가치세법」상 과세사업자이며 수출업체와 계약하여 공급하는 경우 영세율이 적용되는 경우도 있다. 제조업은 보통 도매업자에게 판매되며, 세금계산서를 주로 발행한다. 또한 최종소비자 등에게 판매하는 경우 세금계산서 외에 신용카드, 현금영수증 등을 발행할 수 있다.

(3) 절세포인트

1) 의제매입세액공제 업종

제조업자가 농 · 축 · 수 · 임산물을 면세로 구입하는 경우 부가세신고 시 의제매입세액공제가 가능하므로 면세 매입 시에도 계산서, 신용카드, 현금영수증 등 적격증빙을 빠짐없이 수취해야 한다.

2) 사업 초기 결손관리

제조업의 경우 건물(공장 · 창고 등), 설비자산(기계장치 등) 등은 감가상각되어 비용이 계상되므로 사업 초기에는 비용이 많이 들지만 추가 설비 없이 장기간 사업이 지속되는 경우 감가상각비가 감소하여 이익률이 증가한다. 이처럼 초기 투자가 많아 손실인 경우 재무제표를 작성하면 손실을 기록하고 결손금을 이월하여 향후 수익이 발생된 과세기간에 세금납부를 줄이는 것도 중요하다.

3) 세액공제 · 감면

중소기업 창업감면, 중소기업 특별 세액감면, 연구인력개발비 세액공제가 가능한 업종으로 공제 · 감면 적용에 대한 적절한 판단을 하는 것이 중요하다. 설비 등에 대한 투자 시 투자세액공제가 가능하며 인력을 증원할 때 고용관련 세액공제를 검토해야 한다. 사업 초기 납부할 세금이 적거나 없다고 하더라도 세액공제를 계산하여 이월시켜 향후 납부세액이 있는 과세기간에 공제할 수 있는 절세계획이 필요하다.

2. 도 · 소매

(1) 매출, 사업자형태

도 · 소매업은 판매하는 물품의 종류에 따라 면세, 과세, 겸영이 모두 가능하다. 매출의 형태도 세금계산서, 신용카드, 현금영수증, 현금 등 다양하고 배달매출이 있는 경우도 있으므로 누락 없는 매출집계가 중요하다. 선불결제, 결제대행사, 인터넷을 통한 매출은 최근 국세청에서 집계가 되고 있으나 완벽하지 않으므로 주의해야 한다.

「부가가치세법」상 사업자 형태도 간이 · 일반 · 면세사업자로 다양하다. 예를 들어, 면세대상인 과일 · 야채만 판매하는 경우에는 면세사업자, 슈퍼마켓에서 면세대상 정육 · 과일 · 야채와 과세대상 공산품, 식품을 함께 판매하는 경우에는 겸영사업자라고 할 수 있다.

tips!

판매촉진을 위해 마일리지를 이용하는 경우가 많다. 구매 시 마일리지 또는 포인트 등으로 적립하여 추후 당초 공급자가 제공하는 재화 등을 구입하면 매출로 보지 않는다(당초 공급자 외의 사업자에게 사용하는 경우는 매출로 봄).

(2) 매입, 부가가치세 관리

도소매업은 상품을 매입하여 판매하기 때문에 매입률이 높은 편으로 매출액 대비 부가가치세 부담이 높지 않은 편이다. 다만, 수입하여 판매하는 경우는 부가가치세 부담이 높을 수 있다. 판매하는 상품 중 과세·면세상품이 혼재된 경우 과세매출 관련 매입은 공제가능하지만, 면세관련 매입은 불공제하며 임대료 등 공통매입이 있는 경우 면세비율만큼 안분계산하여 공제받지 않아야 한다.

신용카드, 현금영수증 매출이 많다면 신용카드 매출전표 발행세액공제(법인사업자와 직전연도 재화 또는 용역의 공급가액 10억원 초과 개인사업자 적용 제외)를 받을 수 있다.

온라인 등으로 판매 시 상품에 대한 광고비용을 카드로 결제하고 매입세금계산서가 발행을 받는 경우가 종종 있기 때문에 카드와 세금계산서의 중복공제가 되지 않도록 하여야 한다.

3. 수출 및 수입업

(1) 수출업

수출업은 대표적인 '영세율'사업이다. 수출업의 경우 일반적인 과세사업자의 매출에 10%의 세율 대신 0%의 세율을 적용하여 수출분에 대한 납부세액이 없다. 면세와 다른 점은 과세사업자로서 사업을 위하여 부담한 매입세액은 전액 공제되어 환급받을 수 있다.

영세율의 경우 실무적으로 거래의 유형에 적합한 매출의 공급시기 구분과 적절한 세금계산서 등의 발급이 매우 중요하다. 수출의 방법에 따른 공급시기와 세금에 미치는 영향을 알아보자.

1) 공급시기

구분	공급시기
• 내국물품(대한민국 선박에 의하여 채집되거나 잡힌 수산물을 포함)을 외국으로 반출하는 것 • 중계무역방식의 수출 • 「관세법」에 따른 수입신고수리 전의 물품으로서 보세구역에 보관하는 물품의 외국으로의 반출	**수출재화의 선(기)적일***
• 위탁판매수출: 물품 등을 무환(無換)으로 수출하여 해당 물품이 판매된 범위에서 대금을 결제하는 계약에 의한 수출을 말한다.	**수출재화의 공급가액이 확정되는 때**
• 외국인도수출: 수출대금은 국내에서 영수(領收)하지만 국내에서 통관되지 아니한 수출물품 등을 외국으로 인도하거나 제공하는 수출을 말한다. • 위탁가공무역방식의 수출: 가공임(加工賃)을 지급하는 조건으로 외국에서 가공(제조, 조립, 재생, 개조를 포함한다. 이하 같음)할 원료의 전부 또는 일부를 거래 상대방에게 수출하거나 외국에서 조달하여 가공한 후가공물품 등을 외국으로 인도하는 방식의 수출을 말한다. • 원료를 대가 없이 국외의 수탁가공 사업자에게 반출하여 가공한 재화를 양도하는 경우에 그 원료의 반출	**외국에서 해당 재화가 인도되는 때**

* 아래 박스 참조

수출재화의 선(기)적일

수출재화의 선(기)적일에 대해 세법에서 별도 정의한 바 없고 신용장 UCP600 규정을 차용해서 살펴보도록 한다.

- 해상운송: B/L상의 선적일(on board notation, 본선적재)일이 공급시기가 된다.
- 항공운송: 항공화물운송장(AWB)에서 공급시기를 확인할 수 있으며, 항공화물운송의 선적일은 운송서류의 발행일을 선적일로 본다. 다만, 발행일과 다른 비행일이 표시되어 있다면 비행일을 선적일로 본다.

- 철도, 도로 운송: 도로 등의 운송의 경우 선적일은 발송 또는 운송을 위하여 수령된 일자를 선적일로 본다.
- 우편발송(EMS): 우체국장이 발행하는 우편수령일을 선적일로 본다.
- 택배운송배달(DHL 등): 택배회사의 접수일을 선적일로 본다.

2) 공급시기 적용환율

수출형태별로 정해진 선적일을 공급시기로 보기 때문에 매출액을 인식할 때에도 선적일의 환율을 적용하며, 서울외국환중개(http://www.smbs.biz/)에서 고시하는 기준환율 또는 재정환율을 적용한 금액을 공급가액으로 인식한다.

3) 세금에 미치는 영향

잎의 공급시기가 언제인지에 따라 세금신고시기가 달라지며, 변동되는 환율에 따라 매출액이 달라질 수 있다. 부가가치세는 영세율 적용 시 매출의 부가가치세를 납부하지 않기 때문에 매입세액 공제금액을 매 신고 시 환급받는 구조이다. 소득세와 법인세에서 그해에 귀속되는 매출로 인식되면 매출에 대응되는 매입액의 원가를 산정하여 손익계산서에 매출총이익을 구성하게 된다. 해당 매출의 공급시기에 따라 그해 손익이 변동되므로 주의해야 한다.

(2) 수입업

수입업자가 해외에서 재화를 수입하여 통관을 하면 자기 과세사업을 위하여 세관장으로부터 발급받은 수입세금계산서상의 매입세액은 매출세액에서 공제한다. 또한 사업자가 보세구역 내에서 보세구역 이외의 국내에 재화를 공급하는 경우에 당해 재화가 수입재화에 해당하는 때에는 수입신고수리일이 된다. 수입업의 매출은 국내에서 발생하고 매입이 해외에서 들어오기 때문에 매입시점에 세관장이 계산한 공급가액을 기준으로 매입세액이 책정되어 발행된 수입세금계산서 및 통관관련 부대비용 매입세액을 확인하여 매출세액에서 매입세액을 공제하여 계산한다.

수입업의 특성상 부가가치세는 매출의 세액은 있지만 해외에서 매입하여 매입관련 부대비용인 통관비에 대한 세액공제 외에 매입금액 자체의 세액은 공제받을 수 없어 부가가치세가 다른 업종에 비해 많이 발생한다는 점을 참고해야 한다. 하지만 해외수입한 매입금액을 소득세나 법인세에서 상품의 원가로 계상하기 때문에 비용처리가 된다는 점에서 안심해도 된다. 수입업은 국내에서 매출과 해외에서 매입이라는 구조로 다른 업종과 구분된다.

4. 통신판매업

(1) 창업감면대상 업종

통신판매업은 창업감면대상 업종이다. 창업지역에 따라 감면율이 다르기 때문에 사업자등록 시 미리 주의가 필요하다.

(2) 통신판매업신고

사업자등록 후 통신판매업신고가 필요하다. 관할구청에 서면으로 신고하거나 인터넷을 통해 정부24 사이트(https://www.gov.kr)에서도 가능하다. 신고 시 사업자등록증, 사업용계좌 사본, 공인인증서, 구매안전서비스 이용확인증이 필요하다.

(3) 매출

통신판매업의 매출은 인터넷의 결제대행업체를 통해 이루어지는 경우가 많다. 자체 사이트, 오픈마켓 등 여러 사이트를 통해 판매되는 경우 누락되는 매출이 없도록 주의해야 한다.

(4) 매입

통신판매업의 경우 매출은 빠짐없이 정확히 집계되지만 매입은 스스로 증빙을 잘 받아야 한다. 세금계산서, 신용카드, 현금영수증 등의 적격증빙이 아닌 일반영수증으로만 매입을 받을 경우에는 종합소득세신고

시 비용처리는 가능하지만 부가가치세신고 시 매입세액공제를 받지 못해 부가가치세를 많이 납부하게 될 수 있다.

5. 해외구매대행

(1) 사업자등록

해외구매대행업은 현지에서 실제로 구매를 하지만 국내주소로 사업자등록을 하게 되며 특별한 임차 사업장이 필요하지 않은 업종이라 주거지에서 사업자를 내는 경우가 많다.

(2) 요건

해외구매대행의 경우 도소매업과 차별화된 요건이 필요하다. 도소매는 매입을 한 후 판매를 하는 방식으로 재고를 가지고 있지만 구매대행은 소비자의 주문을 받은 후 재화를 구매하여 소비자에게 인도되도록 배송한다. 추가로 구매대행업은 재고를 보유하지 않아야 한다. 구매대행업임을 인지할 수 있도록 명시하고 물품 구매 시 주문한 소비자의 이름으로 통관을 해야 한다.

(3) 매출

구매대행업의 매출은 구매대행 수수료이다. 매입비용, 운송비, 구매대행 수수료를 별도로 책정하여 받도록 하며 이를 기록한 장부를 보관해야 추후 구매대행 매출을 입증할 수 있다. 인터넷 결제대행 매출과 실제 수수료 매출의 차이금액이 크기 때문에 과세관청의 소명요구가 잦은 편이다.

(4) 비용

판매금액 중 구매대행 수수료만 매출로 인식하였기 때문에 재화의 매입, 운송료 등은 비용이 될 수 없다. 판매금액에 포함되지 않은 별도 인건비, 수수료, 현지 비용 등은 비용이 될 수 있다.

tips!

도소매와 구매대행업은 소득금액에서는 큰 차이가 없지만 부가가치세 차이가 크다. 해외구매대행이 도소매형태로 변경될 경우 해외매입분이 대부분 현지 구매로 공제받을 매입세액이 없기 때문이다.

6. 편의점

편의점도 도소매의 한 범주이며 창업 시 부담이 적은 편이고 접근이 쉬운 업종 중 하나이다. 다양한 물품과 서비스를 제공하며 직원을 고용하는 경우가 많아 주의할 점들이 있다.

(1) 개업 시

계약조건에 따라 임차를 직접 하는 경우, 본사가 임차하고 운영만 맡는 경우 등 편의점 본사와의 거래구조가 다르고 손익분배비율도 다르므로 계약조건을 파악하는 것이 중요하다.

(2) 매출

기본적으로 편의점은 매출누락이 없는 업종이며 신용카드매출이 주를 이룬다. 부가세신고 시 신용카드매출전표 발행세액공제액이 큰 편이다.

택배서비스, 교통카드충전 등의 매출집계에 유의해야 하며, 많은 종류의 물품을 판매하다 보니 과세뿐 아니라 면세매출도 발생한다. 면세매출분에 대해서는 부가가치세신고 시 공통매입세액 안분이 필요하다.

(3) 비용

기본적인 매입원가는 일반 도소매와 같이 높은 편(70~80%)이며 입지가 중요한 경우가 많아서 임대료가 높은 경우도 있다.

인건비 중 일용직 비용의 비율이 높은 편으로 일용직 관련하여 근로계약서를 꼭 작성하고 주휴수당 등의 문제에 유의해야 한다. 일용직은 고용보험, 산재보험만 가입의무가 있지만 세법상 일용직에 해당하여도(3개월 미만) 4대보험 공단의 가입대상이 될 경우 국민연금, 건강보험이 고지될 수 있다.

tips!

편의점 본사에서 계약이나 영업실적에 따른 지원금이 있는 경우 세법상 잡이익에 해당하므로 누락되지 않도록 충분히 검토하여 결산을 해야 한다.

7. 음식점업, 카페, 디저트 사업

(1) 사업자등록

영업신고(영업허가증)>사업자등록>카드단말기 설치의 단계를 거친다. 사업자등록 전 관할구청에서 영업신고를 해야 하며 기존 사업장을 인수하는 경우 영업허가증을 인수받을 수 있다.

영업신고 필요서류

- 신분증, 사진 1매, 도장
- 영업신고신청서
- 시설배치도
- 건강진단결과서
- 위생교육필증, 소방필증, 가스사용점검환기필증

tips!

음식점, 제과점업의 경우에는 창업감면 적용가능 업종이나, 카페의 경우 창업감면 업종에 해당하지 않으므로 업종선택 시 실제 영업내용에 따라 주의가 필요하다.

(2) 매출

음식점, 카페 및 디저트 사업은 「부가세법」상 과세사업자이다. 대부분의 매출은 신용카드, 현금영수증, 현금 등으로 이루어지며, 카드단말기 등 포스기계에서 매출을 확인할 수 있다.

배달매출이 있는 경우 배달주문업체별 매출을 챙겨야 한다. 추가되는 배달앱 등이 있는 경우 누락되는 곳이 없도록 주의한다.

(3) 매입, 부가세관리

- 음식점이나 카페, 디저트 사업은 상권이 좋은 곳에 위치하는 경우가 많아서 시설이나 영업권에 대한 권리금 등을 주고 들어가는 경우가 많다. 권리금은 세법상 무형자산인 영업권으로 이를 양도하는 이전사업자는 세금계산서를 발행해야 한다.
- 음식점이나 카페, 디저트 사업은 과세사업이면서 면세식재료, 유제품 등의 구매가 많은 업종이다. 계산서, 신용카드로 구매한 면세농산물에 대해서 의제매입세액공제가 가능하기 때문에 구매 시 증빙을 받는 것이 중요하다.
- 배달매출 및 카드매출에서 수수료도 빠짐없이 경비처리대상이므로 세금계산서 등 증빙을 챙기는 것이 중요하다. 배달비의 경우 누락되는 경우가 많거나 증빙을 받지 못하는 경우가 많으므로 주의한다.
- 소비자를 대상으로 한 업종으로 부가세신고 시 신용카드, 현금영수증 매출에 대해 신용카드 매출전표 발행세액공제를 받을 수 있다(결제금액의 1.3%).
- 인테리어비용과 집기비품, 식재료비, 임차료, 전기료 등 수도광열비, 인건비가 주요 경비이다. 사업 초기 시설투자와 인테리어비용, 권리금(영업권)이 있는 경우 감가상각하여 절세가 가능하다.

tips!

- 음식점업이나 카페, 디저트 사업은 원가비율 중 인건비 비중이 높다. 하지만 고용한 인건비는 부가가치세 매입세액 공제대상이 아니므로 음식점업은 도소매 등에 비해 부가가치세 부담이 높은 편이다.
- 과세, 면세 겸영으로 음식점을 겸영하는 경우(정육식당, 회센터 등) 부가가치세를 회피하기 위해 면세비율을 과다하게 신고하는 경우가 많은데 실지조사로 부가가치세를 과세당할 수 있음에 주의하여야 한다.

8. 교육서비스업(학원, 교습소, 공부방 등)

(1) 사업자등록

교육청등록 > 사업자등록 > 카드단말기 설치의 단계를 거친다. 사업자등록 전 관할교육청에 등록하고 학원 설립, 교습소신고 등의 절차가 필요하다.

학원의 경우 교육청의 기준에 부합하는 요건이 필요하여 임대 등 사업장을 선택할 때 교육환경, 건축물 용도 등에 대하여 준비해야 하고 인테리어 시에도 교육청기준에 부합한 기준을 지켜 공사해야 한다.

교육청신고 필요서류

- 학원설립 및 운영등록신청서
- 학원 시설평면도
- 교습장소로 사용할 시설의 사용권을 증명할 수 있는 서류

(2) 매출의 관리

학원 수입금액은 수강료수입과 교재비, 기타 부수수입 등으로 구성된다. 교육서비스업은 현금영수증 의무발행업종이기 때문에 거래금액 10만원 이상인 경우 소비자가 요청하지 않아도 반드시 발급할 의무가 있다는 것을 놓치면 안 된다. 주로 카드매출, 현금매출, 무통장 입금 등으로 받게 된다. 교육서비스 제공에 따라 현금매출의 누락을 조심해야 한다. 수강료 수입금액과 교재비 수입금액을 구분하여 기장하여, 수입금액 면세사업장현황신고 시 구분 기재해야 한다.

교육서비스는 대부분 면세라고 생각하지만 주무관청의 허가 또는 인가, 신고 등을 하지 않은 학원은 부가가치세가 면제되는 교육용역에 해당하지 않는다면 과세사업으로서 부가가치세를 납부해야 한다.

(3) 경비 및 그 밖의 관리

학원의 경우 임대료, 인테리어 및 비품의 감가상각비, 학원강사의 인건비가 큰 비중을 차지한다. 학원강사의 인건비는 급여로 지급하는 근로소득, 프리랜서인 사업소득, 일시적인 경우의 기타소득으로 구분된다. 강사의 강사용역 형태상 프리랜서로 계약을 하는 경우가 많으며 계약기간에 받는 계약금, 강의료 등을 명확하게 명시하는 것이 좋다. 학원업 특성상 개설 초기 인테리어 등의 지출관련 증빙을 챙겨야 감가상각자산으로 비용처리를 받을 수 있다.

9. 병 · 의원

병 · 의원은 기본적으로 병 · 의원의 의료용역이 면세에 해당하여 기존에는 면세사업자가 많았으나 점차 미용을 목적으로 한 의료행위가 증가하여 과세사업을 겸영하는 경우가 많다. 사업자등록 후에 면세사업자를 다시 과세 · 면세 겸영사업자인 일반과세자로 변경하는 경우 번거롭기 때문에 사업자등록 전에 미리 면세 또는 겸영사업자의 형태를 결정해야 한다. 면세사업자는 사업장현황신고를, 겸영 및 과세사업자는 부가가치세신고를 해야 한다.

(1) 사업자등록

의료기관 개설신고>사업자등록 신청>카드단말기 신청>요양기관 개설신고단계를 거친다.

의료기관 개설신고 시 필요서류: 관할보건소에 신고

- 의료기관 개설신고서
- 신분증, 의사면허증 사본
- 전문의 자격증
- 의료인 면허증, 조무사 면허증
- 진료과목별 시설 및 정원 등의 개요 설명서
- 의료보수표

(2) 매출신고

병 · 의원의 의료용역은 기본적으로 면세사업이다. 다만, 미용목적의 의료용역은 부가가치세 과세대상 매출로 분류된다.

매출은 건강보험공단에서 지급되는 금액과 비급여로 환자가 지급하는 신용카드, 현금영수증, 현금, 보험사에서 지급되는 것 등에 대해 집계하여 매출신고를 해야 한다.

신용카드 매출의 경우 문제되는 주요 소명대상이다. 공단청구분의 본인부담금과 비급여항목이 혼재되어 있을 수 있으므로 중복되거나 누락되지 않도록 주의하여 분류하도록 한다.

(3) 매입세액 및 신용카드발행세액공제

면세관련 매입인 경우 매입세액이 불공제되며, 과세관련 매입인 경우 매입세액이 공제된다. 과 · 면세 병 · 의원의 경우 공통매입은 매입세액을 해당 과세기간의 공급가액비율로 안분하며, 예정신고기간의 안분은 확정신고기간에 정산한다.

미용목적의 과세관련 매출에서 신용카드분은 신용카드발행세액공제(법인사업자와 직전연도 재화 또는 용역의 공급가액 10억원 초과 개인사업자 제외)를 받을 수 있다.

tips!

- 보험회사로부터 받는 수입금액(자동차보험 등)은 사업소득원천징수영수증으로 확인이 가능하며 3.3%의 세금을 선납하므로 보험회사로부터의 수입이 있는 경우 이러한 수입금액을 결산 시 포함하여야 정확한 세금의 예측이 가능하다.
- 국가사업의 지원금(예방접종 등)이 있는 경우 누락될 수 있으니 주의한다.

10. 약국

(1) 매출

과세(일반의약품 · 의약부외품 등)와 면세(조제수입)를 겸영하는 사업자이며 면세인 조제용역과 과세인 의약품 소매매출로 구성된다.

조세매출은 건강보험, 의료급여, 자동차보험, 신재의료수입으로 구성되며, 일반의약품을 소매로 판매하는 것은 과세매출이므로 면세와 과세의 구분이 중요하다.

건강보험공단에 청구하여 지급되는 매출 외에 신용카드, 현금영수증, 현금매출에 대해 집계하여 매출신고를 해야 한다.

(2) 매입세액 및 신용카드발행세액공제

조제용역 등 면세관련 매입세액은 매입세액이 불공제되며, 일반의약품에 대한 도소매관련은 과세사업으로 매입세액이 공제된다.

임차료, 비품구입, 광고선전비 등 공통매입세액은 병 · 의원과 같이 공급액비율로 안분계산한다.

일반의약품 소매에서 발생되는 과세관련 매출 등에서 신용카드분은 신용카드발행세액공제(법인사업자와 직전연도 재화 또는 용역의 공급가액 10억원 초과 개인사업자 제외)를 받을 수 있다.

(3) 주요 관리사항

- 전문직으로 개업 시부터 복식부기의무자에 해당되므로 개업 시부터 사업용계좌 의무와 현금영수증 발행에 주의해야 한다.
- 제약회사로부터 받는 판매장려금을 매출에서 누락하지 않도록 한다.
- 인건비가 있는 경우가 많기 때문에 지급유형에 적합한 방식을 선택하여 신고하여야 한다.
- 소매업으로 중소기업특별세액감면 업종이다.

11. 전문직

전문직 사업자로는 변호사, 심판변론인, 변리사, 법무사, 공인회계사, 세무사업, 경영지도사, 기술지도사, 감정평가사, 손해사정인, 통관업, 기술사, 건축사, 도선사, 측량사, 의료업(의사, 치과의사, 한의사), 수의사업, 약사 등이 있다.

- 전문직종은 개업 시부터 '복식부기의무자'임에 주의해야 한다. 복식부기의무자는 추계신고 시 가산세가 있으므로 장부를 기장하여야 하고 사업용계좌 미사용가산세, 업무용 승용차 비용제한을 받으므로 개업 시부터 전문적인 관리가 필요하다.
- 현금영수증 의무발행업종이며 현금매출명세 작성의무도 있으므로 매출에 대해 상세한 관리가 필요하다.

12. 유튜버 등의 미디어콘텐츠창작자

(1) 사업자등록

유튜버 등의 미디어콘텐츠창작자는 창작활동이 이루어지는 장소 또는 소재지로 사업자등록을 할 수 있기 때문에 보통 거주지 또는 스튜디오 등의 사무실을 임차하여 해당 장소로 사업자등록을 진행한다.

(2) 과세유형

1) 과세 또는 면세사업자

부가가치세를 창출할 정도로 인적 · 물적 시설을 갖추고 계속 · 반복적으로 창작활동을 수행하면 부가가치세 과세사업자로 등록해야 한다. 이 경우 창입김면이 가능힌 업종으로 실제 요건에 부합하는지 따져보는 것이 중요하다. 반대로 개인이 독립된 자격으로 주소지에서 물적 시설 없이 근로자를 고용하지 아니하고 인터넷 개인방송 용역을 공급하면 면세사업자로 등록해야 한다.

2) 영세율 적용

우리가 잘 알고 있는 유튜버가 국내 사업장이 없는 외국법인(구글 등)에게 지급받는 대가를 외국환은행을 통해 원화로 받는 경우 영세율이 적용된다. 따라서 과세사업자로 등록한 유튜버들은 영세율을 적용받아 부가가치세를 납부하지 않는다.

(3) 소득의 대상

유튜브의 수익은 유튜브와 직접 계약 시 미국에서 원천징수를 하며, 원천징수 후 금액을 국내의 유튜버에게 지급한다. MCN(다중 채널 네트워크) 사업자와 계약한 경우는 유튜브, 아프리카TV 등 동영상 사이트에서 크리에이터 대신 저작권, 마케팅, 프로모션, 회계 등 관리업무를 대신 처리하는 기획사가 국내에서 3.3%를 유튜버에게 원천징수한 후에 지급한다. 위 두 가지 경우 모두 원천징수 전 금액으로 소득을 신고해야 한다. 또한 유튜브에서 슈퍼챗, 아프리카TV에서 별풍선도 모두 소득으로 신고해야 한다. 이전에는 국내에서 해당 소득에 대해 소득 파악 시스템이 미비하였으나 이제는 현금거래 및 「외국환거래법」에 따라 모니터링하므로 세무조사 등을 통해 적발될 수 있다. 따라서 소득을 누락 없이 신고하고 관련 경비를 챙겨서 비용처리해야 한다.

13. 운수업(화물, 택배)

(1) 부가가치세

운수업의 경우 우리가 알고 있는 화물업과 택배업 등이 있다. 해당 매출은 화물운수로 발생한 매출과 택배로 발생한 매출을 과세한다. 매입세액공제되는 것은 차량 및 차량 유지비, 민자고속도로 이용 통행료 등이다. 차량은 9인승 이상 차량 및 트레일러, 트럭, 탱크로리 화물차량 등이 해당된다. 차량 유지비는 유류비, 차량수리비, 차량 소모품비 등이 있을 수 있고, 유류비의 경우 매입세액 공제대상 차량인 경우 매입세액공제가 가능하다. 화물차의 경우 민자고속도로 이용 시 결제한 통행료는 매입세액공제를 받을 수 있다. 매입세액공제를 받기 위해서는 모두 세금계산서 등을 받아야 한다는 점을 참고하자.

(2) 소득에 대한 세금

물류산업은 중소기업 특별 세액감면 및 창업감면 대상업종이다. 창업감면의 경우 요건에 부합하는지 창업요건 등 별도로 따져봐야 한다. 소득세신고 시 차량의 감가상각비, 보험료, 접대비, 지급수수료, 건강보험료 등에 대해 비용처리가 가능하다. 차량을 구매한 초기에는 감가상각비가 소득세 부담을 줄일 수 있으므로 차량에 대해 장부에 반영할 수 있도록 한다.

14. 건설업

(1) 공급시기

건설업의 경우 용역의 공급시기에 따라 세금계산서를 발행하며, 용역의 공급시기는 일반적으로 건설업무가 제공되거나 재화·시설물 또는 권리가 사용되는 때로 한다. 다만, 개발행위준공 전에 「전기사업법」에 따른 사용전검사에 합격하여 발주자가 전기를 생산, 판매하는 등 사실상 역무제공의 산출물을 사용할 수 있는 상태가 된 경우 사용전검사확인증을 발급받은 시점이 공급시기이다. 한마디로 건설업의 공급시기는 건설을 완료하고 그 건물 등을 사용할 수 있는 상태가 되었을 때로 본다.

(2) 국민주택 건설

국민주택(「주택법」에 따른 주거전용면적 85㎡, 도시지역이 아닌 읍면지역 100㎡)을 「건설산업기본법」·「전기공사업법」·「소방법」·「정보통신공사업법」·「주택법」 및 「오수·분뇨및축산폐수의처리에관한법률」에 의하여 등록한 자(원도급자 및 하도급자도 포함)가 건설하는 경우 면세사업이다. 해당 국민주택규모를 구분할 때 단독주택 및 다중주택은 건물 한 동 전체면적을, 다가구 주택은 가구별 전용면적으로 구분한다. 또한 부수되는 복리시설과 부대시설도 주택 분양가에 포함한다면 면세이다.

(3) 과·면세 건설의 과세표준 안분계산 및 공통매입세액 안분계산

사업자가 과세사업과 면세사업에 공통으로 사용되는 건설을 진행한다면 과세표준을 안분해야 하며 그 안분계산은 아래와 같다.

$$\text{공급가액} = \text{총도급금액} \times \frac{\text{과세예정면적}}{\text{면세예정면적} + \text{과세예정면적} + \text{과세예정면적} \times 10\%}$$

* 총도급금액에는 부가가치세 포함 금액

매입세액을 안분하는 경우 매출액이 있다면 원칙은 당해 과세기간의 매출의 공급가액(과세/면세)기준으로 공통매입세액을 안분하며, 예외로 직전 과세기간 매출의 공급가액(과세/면세)기준으로 안분한다. 매출액이 없다면 ① 총매입가액(공통매입세액 제외)에 대한 면세사업에 관련된 매입가액비율, ② 총예정공급가액에 대한 면세사업에 관련된 예정공급가액비율, ③ 총예정사용면적에 대한 면세사업에 관련된 예정사용면적의 비율 순서로 적용할 수 있고 건물의 신축 또는 취득하여 과세되는 예정면적과 면세되는 예정면적을 구분한다면 ③, ①, ② 순으로 적용한다.

매입세액 안분계산 후 매출액이 있는 경우 예정신고 때 계산한 내역을 확정신고 때 정산한다. 매출액이 없어 매입가액비율이나 예정공급가액비율, 예정사용면적비율로 안분하는 경우 예정신고 및 확정신고 후 실제 비율이 확정된 과세기간에 정산한다.

(4) 세금에 미치는 영향

부가가치세는 다른 업종과 같이 매출금액의 10%인 매출세액에서 매입세금계산서 등의 매입세액을 공제한 납부세액을 부가가치세로 납부한다. 건설두 면세와 과세 구분대상이 있으므로 과세와 면세 건설을 같은 과세기간에 진행했다면 매입세액을 전부 반영하여 세액공제받지 못하고 공통적으로 사용된 매입에 대해 매입세액 안분계산을 해야 할 것이다. 소득세나 법인세에서는 단기 건설과 같은 경우에는 그대로 부가가치세에 신고한 매출은 인식하여 신고하지만 장기 건설의 경우 진행률에 따라 매출과 매입을 계상하므로 부가가치세신고 내용과 다르게 될 수 있다는 점에 유의하자.

15. 부동산 분양

(1) 주택신축판매업

1) 국민주택의 공급

주택을 건설하여 판매하는 사업으로 건설업으로 부가가치세 납세의무가 있다. 다만, 국민주택 (「주택법」에 따른 주거전용면적 85㎡, 도시지역이 아닌 읍면지역 100㎡)의 건설용역, 리모델링 건설용역, 신축판매에 대해서는 부가가치세를 모두 면세한다. 그 외에는 모두 부가가치세 대상으로 세금계산서 등을 발행해야 한다.

tips!

- 주거용 오피스텔로 건축허가 및 사용승인을 받았으나 주거용으로 분양한 경우 오피스텔은 「주택법」상 주택이 아닌 준주택으로 면세대상이 아니므로 건물분은 세금계산서를 발행해야 한다.
- 국민주택에 부수되는 발코니 섀시 설치계약은 그 대가를 분양가와 별도로 받는 다면 부수되는 면세공급이 아닌 과세공급으로 본다.

2) 세금계산서 등의 발행

국민주택규모 초과 아파트 등을 건설하여 분양한다면 영수증 발급대상이다. 다만, 공급받는 자가 사업자등록증을 제시하고 세금계산서 발행을 요구하는 경우 세금계산서를 발급할 의무가 있다. 국민주택의 경우 계산서 대신 영수증 발급이 가능하다.

3) 매입세액의 안분

매입세액은 실지귀속에 따라 과세관련 매입세액을 전액공제하고 면세관련 매입세액은 전액 불공제한다. 다만, 귀속이 불분명한 경우로 당해 과세기간 중 과세사업과 면세사업의 공급가액으로 하고, 없으면 건물의 과세사업과 면세사업에 제공할 예정비율에 해당하는 금액을 면세관련 매입세액으로 보아 불공제한다.

(2) 부동산매매업

부동산의 매매 또는 중개를 목적으로 부동산을 판매하거나 사업상의 목적으로 1과세기간 중에 1회 이상 부동산을 취득하고 2회 이상 판매하는 사업을 말한다(일반적인 개인이 부동산을 양도하는 것은 부동산매매업에 해당하지 않음).

1) 공급시기

소유권이전등기일이 공급시기이나 실제로 사용수익이 가능한 날을 공급시기로 볼 수 있다. 부동산매매업의 대부분은 중간지급조건부로 공급하므로 이때의 공급시기는 대가의 각 부분을 받기로 한 때이다.

2) 세금계산서 등의 발행 및 공급가액

상가의 경우 최종소비자인 개인에게 분양하는 경우에도 세금계산서를 발급하며, 주거용 건물(주택)을 최종소비자인 개인에게 분양하는 경우는 영수증 발급대상이다.

과세표준의 공급가액은 토지 및 건물의 실지거래가액으로 공급한다.

다만, 구분이 불분명하거나 토지 및 건물의 실지거래가액이 세법상 안분 계산한 금액과 30% 이상 차이가 있는 경우 기준시가>감정가액>장부가액>세법상 계산한 안분가액 순으로 공급가액을 계상한다.

3) 매입세액의 안분

매입세액은 실지귀속에 따라 과세관련 매입세액을 전액 공제하고 면세관련 매입세액은 전액 불공제한다. 다만, 귀속이 불분명한 경우 안분이 필요하며 안분기준은 당해 과세기간 중 과세사업과 면세사업의 공급가액으로 하고, 없으면 건물의 과세사업과 면세사업에 제공할 예정비율에 해당하는 금액을 면세관련 매입세액으로 보아 불공제한다.

tips!

건물을 신축하여 판매하던 사업자가 일시적으로 신축건물에서 임대업을 영위하다가 건물을 양도하는 경우 사업의 양도에 해당하지 아니한다. 매매업자의 부동산 양도는 폐업을 전제로 한 포괄양도가 아닌 사업의 일부양도로 계속사업자로 보기 때문이다.

(3) 시행사

전체 건설공사를 건설업자에게 일괄 도급하여 건물을 건설하게 한 후 이를 분양 · 판매하는 시행사는 부동산공급업으로 분류한다.

1) 공급시기 및 세금계산서 등의 발행

상가의 경우 중간지급조건부로 공급하는 경우 공급시기는 대가의 각 부분을 받기로 한 때이다. 실제 지급 여부가 아닌 받기로 약정한 날에 반드시 세금계산서를 발행해야 한다. 선납할인을 계약서에 따라 그 대가를 받은 부분에 한해서 세금계산서를 발급하면 그때를 공급시기로 할 수 있다.

주택의 경우 보통 '입주 시'라고 표시하였다면 입주일과 잔금청산일 중 빠른 날을 말한다. 비주거용 건물은 세금계산서 의무발행이나, 주택은 주택신축판매업의 '세금계산서 등의 발행'과 같다.

tips!

시행사가 분양대금 조기 회수를 위해 금융기관에 대출을 알선하고 대출이자 일부를 대신 부담하는 경우 그 부담금액은 접내비로 보며, 시행사가 부담해 주는 조건을 공시한 경우에는 판매부대비용으로 본다.

2) 매입세액의 안분

매입세액은 실지귀속에 따라 과세관련 매입세액을 전액 공제하고 면세관련 매입세액은 전액 불공제한다. 다만, 귀속이 불분명한 경우로 당해 과세기간 중 과세사업과 면세사업의 공급가액으로 하고, 없으면 건물의 과세사업과 면세사업에 제공할 예정비율에 해당하는 금액을 면세관련 매입세액으로 보아 불공제한다.

16. 인테리어공사업

(1) 사업자등록

인테리어공사업은 분류상 건설업(실내장식)으로 소규모의 공사를 수행하는 경우 건설업 면허 없이도 사업자등록이 가능하며 일반적으로 과세사업자 중 일반사업자의 형태만 가능하다. 예외적으로 벽지만 판매하면서 도배사를 소개만 시켜 주는 경우 등 일부 경우에는 소매/벽지로 업종을 선택하여 간이사업자도 가능하다.

(2) 매출

사업자에게 인테리어공사를 하는 경우 인테리어공사업 사업자는 세금계산서를 발급하며, 일반가정집을 인테리어공사하는 경우 현금영수증을 발행하거나 신용카드로 결제하는 경우도 있을 수 있다. 현금매출을 누락하는 경우가 많으나 세무조사 등 추후 세금을 추징받아 가산세까지 납부하는 경우가 생길 수 있으니 매출누락에 주의해야 한다. 현금영수증 의무발행업종으로 10만원 이상 거래에 대해서 현금, 계좌이체로 받을 경우는 현금영수증을 발행하지 않으면 20%의 가산세가 부과된다.

(3) 비용

원재료비와 설비사용료, 외주비용, 인건비가 주요 경비이며 신고되지 않는 현장 인건비의 비중이 높은 편이다. 이에 따른 결산상 이익의 증가로 세금을 과다하게 납부하지 않도록 가결산과 비용관리가 중요하다.

17. 피부관리, 네일샵

대부분이 개인사업자로 현행 세법상 전문직으로 분류되어 허가제로 일반과세자만 적용가능하지만 소매업 등 절차가 간편한 다른 업종으로 사업자를 내고 운영하는 경우가 많다.

(1) 매출

현금매출이 많은 업종이지만 신용카드나 현금영수증 매출이 증가하는 추세이다. 현금매출을 누락, 타인명의 계좌를 이용하여 탈세하는 경우 많은 문제가 생길 수 있다.

(2) 경비

인건비의 비중이 매우 높다. 매출을 누락하는 것보다는 제대로 된 인건비신고를 통해 절세를 하는 것이 바람직하다.

18. 헬스장, 필라테스, 요가, 골프연습장

(1) 매출의 대상

헬스장, 필라테스, 요가, 골프연습장은 이용자로부터 입회금, 월회비, 연간회비 등의 명목으로 대가를 받는 경우에는 부가가치세가 과세되는 것이나 반환의무가 있는 보증금은 부가가치세 과세대상이 아니다. 또한 해당 사업장에 강사를 고용하여 강습료를 포함하여 대가를 받는다면 고객으로부터 받는 전체금액이 과세표준이 된다. 추가로 필라테스나 요가의 경우 정부의 인허가 등의 요건을 갖추어 주무관청으로부터 설립이 허용된 경우 면세적용 사업장이 있을 수 있지만 해당 면세는 요건을 갖추지 못하는 경우 추후 세무조사 시 많은 이슈가 있으니 유의해야 한다.

(2) 현금영수증 의무발행대상

헬스장, 필라테스, 요가, 골프연습장은 현금영수증 의무발행업종에 해당한다. 따라서 현금영수증의 경우 상대방이 요구하면 발행해 주어야 할 의무가 있다. 해당 업종은 매출누락이 있을 수 있으므로 현금으로 들어온 계좌 입금액을 확인하여 10만원 이상인 경우 의무적으로 발행해야 한다. 거래상대방의 번호 등을 알 수 없더라도 국세청 지정코드 010－000－1234로 발급이 가능하다.

19. 꽃집 · 화원

꽃집, 화원 등은 면세대상인 꽃, 식물들을 주로 판매하는 경우 면세에 해당한다. 하지만 조경관련 용품 등의 재화들은 과세대상이므로 이의 비중이 높은 경우는 과세겸영 사업자에 해당하여 일반사업자로 등록하여야 함에 주의해야 한다.

전자상거래를 통해 판매하는 경우가 많고 꽃의 비중이 큰 경우 부가가치가 높은 편으로 규모에 비해 높은 매출로 세금을 많이 납부하는 경우도 있다.

(1) 매출

도매의 비중이 큰 경우에는 계산서 발급, 소비자 위주인 경우에는 신용카드 등의 매출이 많다. 인터넷으로 판매를 하는 경우도 많기 때문에 매출집계에 유의하며 과세대상인 관련용품 판매매출이 있는 경우에는 겸영사업자로 부가가치세신고를 해야 한다.

(2) 매입

면세재화로 계산서 매입이 많다. 증빙 없이 농민 등에게서 화훼를 직접 사오는 경우 최소한의 증빙과 인적사항을 기록하는 등 경비처리를 신경써야 한다. 배달이 있는 경우가 많으므로 퀵서비스 등의 배달비 증빙도 잘 챙기는 것이 중요하다.

20. 핸드폰 판매점(대리점, 일반판매점)

핸드폰 판매점은 일반적으로 도소매업이라고 볼 수 있으나 통신사와 관련된 지원금, 위약금 등이 있어 주의해야 한다. 핸드폰 판매점은 대리점, 일반판매점으로 나뉜다. 대리점은 특정 통신사의 대리점이며 요금납부 등의 서비스도 제공한다.

(1) 매출

기본적인 매출 외의 핸드폰의 할부금액, 통신사의 판매지원금 등을 누락하지 않도록 주의한다.

(2) 비용

고객의 위약금 등을 대신 납부해 주는 것은 카드로 결제해도 부가가치세 공제대상이 아니므로 신고 시 주의하도록 한다. 대신 납부하는 위약금 등은 접대비로 분류하는 것이 타당할 것이다.

tips!

판매점을 영업권을 주고 인수받는 경우 세금계산서 등 증빙을 주고받아 경비처리한다면 사업 초기 세금을 크게 줄일 수 있다.

21. 부동산 임대업

(1) 부동산 임대업의 내용

부동산 임대업은 주택임대인 경우에는 면세사업이며, 주택(주거용) 외의 상가 등에 대해서는 과세사업이다. 부동산 임대업의 매출은 임대료와 관리비 등으로 구성되며 과세사업이면 부가가치세신고를, 면세사업이면 면세사업장현황신고를 해야 한다.

(2) 상가 등을 임대하는 과세사업

분양되는 상가 취득 시 건물분에 대해 부가가치세를 부담하고 취득하므로 매입세액을 환급받을 수 있으나 포괄양수도로 양수받은 경우에는 별도의 매입세액이 발생하지 않는다. 상가 등의 임대업은 매출 대비 매입(수선비, 관리 등을 위한 매입)이 거의 없는 것이 특징으로, 특히 매출액에 10%인 부가가치세를 대부분 납부하게 된다.

부가가치세신고 시 신고된 임대료 수입과 간주임대료를 종합소득세신고 시 수입금액으로 본다. 주요 필요경비로는 임대용 건물에 대한 재산세, 감가상각비, 건물 수선유지비, 관리 목적 인건비, 건강보험료, 건물 취득 시 대출 이자비용 등에 대한 것으로 매출액에서 차감하여 계산된다. 세무대리인에게 종합소득세신고를 맡겨서 진행하더라도 재산세, 이자비용 등의 적격증빙 외에 경비는 홈택스에서 확인이 불가하므로 사업주가 챙겨야 경비처리받을 수 있다는 점에 유의하자.

(3) 주택 등을 임대하는 면세사업

주거용을 임대하는 경우에는 부가가치세가 면세이므로 부가가치세를 별도로 신고할 것은 없지만 매년 2월 10일까지 면세사업장현황신고를 제출해야 한다. 2주택 보유자부터 월세에 대해 소득세로 과세(1주택자라도 고가주택이면 월임대료에 대해 소득세로 과세)하며, 보증금만 발생하는 주택 등의 임대사업자는 3주택 이상자의 경우부터 소득세 과세대상이다.

다만, 3주택 이상자의 보증금에 대해 간주임대료 계산 시 보증금 3억원까지는 간주임대료 계산을 하지 않으며, 면적이 40㎡ 이하이고 기준시가 2억원 이하인 소형주택 임대는 주택 수에서 제외한다. 주택 등의 임대소득이 2천만원 이하인 경우 임대사업자등록을 한 경우 미등록가산세가 발생되지 않으므로 참고하기 바란다. 또한 임대소득이 2천만원 이하이면 단일세율로 분리과세되므로 이 부분을 이용하여 기존 소득과 합산되지 않도록 유도할 수 있다.

22. 백화점 납품업

백화점 납품업은 백화점과의 계약에 따라 두 가지로 나뉜다. 백화점에 재화 등을 실질적으로 납품하고 매출을 인식하는 방식과 백화점에 재화 등을 납품하고 위탁판매 형식으로 진행하여 최종소비자에게 판매될 때 매출을 인식하는 방식이다. 대부분 백화점 임대료 등을 감안해서 백화점에 수수료를 지급하고 판매된 금액 중 계약비율에 따라 매출을 인식한다.

(1) 매출

백화점 납품업은 백화점이 매입자발행세금계산서로 발급하는 것이 특징이며 계약된 일정비율을 매출액으로 인식하거나 정산된 매출액을 인식한다.

(2) 경비

대부분 백화점 납품업의 경비는 납품을 함에 있어 운송비 및 백화점관련 수수료(임대료 포함) 등이며 별도 인건비가 있는 경우 신고를 하여 비용으로 인정받도록 해야 한다.

23. 상품권 판매대리업

상품권 자체는 화폐대용증권의 성격이므로 상품권을 판매하는 것은 면세업이다. 다만, 우리 주위에서 볼 수 있는 상품권 판매업을 하는 사업자는 상품권 발행업자가 아니고 상품권 판매대리를 하는 사업자로 상품권을 판매하고 수수료를 매출로 인식하는 상품권 판매대리업일 것이다.

(1) 매출

상품권을 판매하면서 상품권의 금액을 매출로 인식하는 것이 아닌 상품권을 판매하고 소비자 등에게 받는 대가(상품권+수수료) 중 수수료를 매출로 인식해야 할 것이다.

(2) 경비

상품권 판매대리업을 하는 경우 아주 작은 공간을 임차하거나 인터넷 통신판매를 함에 따라 발생하는 임차료 및 통신판매 사이트(도메인) 사용료 등이 주요 경비이다. 매출의 대부분이 현금매출이므로 매출누락이 종종 있지만 경비에 대한 부분을 잘 챙겨서 매출누락을 하지 않는 것을 추천한다.

24. 유흥주점업

사업자등록 신청 시 사업자금내역 및 재무상황 등을 확인할 수 있는 서류를 제출해야 한다.

(1) 매출신고

유흥주점업은 부가가치세가 과세되는 사업자이다. 유흥주점업도 음식점과 마찬가지로 신용카드, 현금영수증, 현금 등으로 이루어지며, 카드단말기 등 포스기계에서 유흥주점의 매출을 확인할 수 있다. 음식점과 다른 것이 있다면 종업원에 대한 봉사료는 사업장의 과세표준에서 제외된다. 단, 그 봉사료를 자기의 수입금액에 계상하는 경우는 제외하지 않는다.

주의할 점은 과세표준에서 제외되는 봉사료에 대해 봉사료 지급대장을 기록해야 하는 것이다. 수령자, 주민번호 등 인적사항, 수령금액, 자필사인 등을 빠짐없이 기재하여야 하므로 봉사료가 발생하는 내역을 구비해 두어야 한다.

(2) 개별소비세

유흥주점은 개별소비세가 별도로 부과되며, 유흥주점장소에서 유흥음식요금의 10%를 부과한다. 단, 일반주점에서 유흥종사자를 두지 않고 별도의 춤추는 공간을 설치하지 않는 경우에는 과세유흥장소 범위에서 제외한다.

(3) 매입세액 및 신용카드발행세액공제

음식점업은 농·축·수·임산물을 구입하여 음식을 팔고 있기 때문에 원재료의 면세는 부가가치세가 커지는 점을 보완하고자 의제매입세액공제를 적용하고 있다. 또한 배달매출 및 카드매출에서 수수료가 발생하므로 그 부분에 대한 매입세액공제도 가능하며, 임차료, 전기료 등 수도광열비, 인건비, 시설 인테리어와 집기비품 등에 대해 매입세액공제를 할 수 있다.

신용카드발행세액공제(법인사업자와 직전연도 재화 또는 용역의 공급가액 10억원 초과 개인사업자 제외)도 가능하다.

찾아보기

[저자약력]

이은미

10년 넘게 다수의 대기업, 공기업의 세무조사 및 자문, 세무조정을 하였으며, 현재 세무회계 지안 대표세무사로 활동 중이다. 법인관리 및 세무컨설팅, 양도, 상속, 증여 등 전문분야에서 일하며 세금의 변화와 합리적인 과세방법에 대한 연구를 하고 있다. 현재 세무회계 박사과정 중에 있고, 명지전문대학교 세무회계학과에 출강하고 있으며, 기업, 공공기관을 대상으로 한 교육 및 다양한 세무업무를 아우르는 세무쟁이로 살고 있다.

현) 세무회계 지안 대표세무사
한국세무사회 중소기업위원회 위원
한국세무사회 세무회계 자격시험 출제위원
서울시 마을세무사
용산세무서 영세납세자 지원세무사
경기도 공동주택 관리지원 자문위원

유혜선

중소기업 창업자를 대상으로 사업세금 신고관리, 창업감면, 개인-법인 사업전환 업무를 전문으로 하고 있다. 20대 중반에 세무사 시험에 합격한 후 세무법인 지점장으로 다양한 경험을 쌓고 현재 우선세무그룹 대표세무사로 개인, 법인 사업자들을 매일 직접 상담하고 활발하게 활동 중이다. 10여 년 넘게 야근으로 집보다 사무실에 머무는 시간이 더 많음에도 다양한 업종과 사람들을 만날 수 있는 세무사업이 적성에 맞아 매일이 새롭고 재미있다.

현) 우선세무그룹 대표세무사
한국세무사회 세무회계 자격시험 출제위원
한국세무사회 네이버 지식in 전문상담세무사
서울시 마을세무사
전) 서울시 마포구 지방세심의위원회 위원
한국세무사회 청년세무사위원회 위원

창업전문 세무사가 전하는 **사업세금 절세전략**

2023년 9월 20일 1판 1쇄 인쇄
2023년 9월 25일 1판 1쇄 발행

저 자 | 이온미 · 유혜선

발행인 | 이수영
발행처 | 도서출판 **청람**
서울시 마포구 독막로 288(대흥동, 세양상가 109호)
전 화 | 02) 3272-2601～2
팩 스 | 02) 3272-2603
이메일 | crbooks@daum.net
홈페이지 | http://www.crbooks.co.kr
등 록 | 2000년 8월 26일 제6-0509호

ISBN 978-89-5972-985-2 93320 [정가 18,000원]